2024年度版

医療秘書技能検定
実問題集

3級 ②
第67回〜71回

「医療事務」

本書で学ばれる皆さんへ

　現代における医療は、複雑・高度化による機能分化が進み、チーム医療の的確かつ円滑な推進が以前にも増してより強く望まれるようになってきました。
　こうした状況の中でクローズアップされてきているのが、近代医療を積極的にサポートするコ・メディカル・スタッフとしての医療秘書の存在です。

　医療秘書は、医療機関の中で、診療・看護・医療技術・介護の行使に関する業務を、知識と技能で遂行する職業で、医療チームにおいて専門的な援助と各部門間の連絡調整に当たる役割を持ちます。今後、近代医療の一層の高度化にともなって、さらにその存在は重要視されるでしょう。

　しかしながら、そのニーズの増大とともに学校数、学生数は年を追って増加しているものの、教育内容が十分整理されていないのが現状であり、教育者また医療機関から医療秘書教育の基準となる資格認定の制度化が強く求められてきました。「医療秘書技能検定試験」は、このような社会要請に応えるべく、医療秘書教育の充実と医療秘書の社会的地位向上を目的に発足した医療秘書教育全国協議会が実施する検定試験です。
　この検定は、医療秘書としての専門知識と技能を判定するものであり、それが医療秘書をめざす学生にとって学習の励みとなり、また採用する側でも習得レベルの判断材料になるものと信じます。
　本書により意欲的に学習し、いち早く合格され、スペシャリストとして社会医療の第一線で活躍されるよう願っております。

一般社団法人
医療秘書教育全国協議会 前会長

日野原重明

2023年度版
医療秘書技能検定　実問題集3級②

目次

■本書の使い方

①本書は、問題編と解答・解説編から構成されています。
　※解答・解説編は、本編から抜き取れるようになっています。必要に応じて抜き取って
　　ご利用ください。
②本試験問題の答案は、本試験と同様に、各回問題巻末の解答用紙に記入してください。
③検定実施団体の医療秘書教育全国協議会では、本試験の配点を公表していません。本書
　の問題についても採点は利用者ご自身にお任せしています。
④医療事務関係の算定点数は常に改正される可能性のあるものです。本書ご利用の際に既
　に改正されていることがあり得ることを、あらかじめご了承ください。

医療秘書技能検定
実問題集3級②

本試験問題

<お断り>

　本試験出題後に政令・省令の一部及び診療報酬点数表が改正されたので、この問題集に掲げた本試験の問題の内容の一部を政令・省令・点数表及び薬価は改正後（2024年6月1日現在）のものに合うように改めております。解答についても同様に改めてあります。

■注：レセプト記入方法は、レセコン及び手書きの場合により一部異なるが、レセコンによる記入方法により作成してあります。

■注：外来迅速検体検査加算は、出題に特に指定がある場合のみ対応してあります。

答案は解答用紙に記入してください。

第 67 回（ 2021 年 11 月 7 日実施 ）

医療秘書技能検定試験
3級

問題②「医療事務」

試験時間　60 分

設問1．次の指示に従って、答案用紙に記入しなさい。

(1)　1〜20については、下記の解答欄の中の正しい解答の番号のマーク欄を塗りつぶしなさい。

1	① 1	② 3	③ 4	④ 7	⑤その他	11	① 1	② 2	③ 3	④ 4 ⑤その他 （改正により削除）
2	① 1	② 2	③ 3	④ 5	⑤その他	12	① 21	② 26	③ 27	④ 34 ⑤その他
3	① 333	② 87	③ 174	④ 760	⑤その他	13	① 21	② 26	③ 27	④ 53 ⑤その他
4	① 0	② 1	③ 2	④ 3	⑤その他	14	① 25	② 49	③ 55	④ 110 ⑤その他
5	① 1	② 3	③ 10	④ 30	⑤その他	15	① 93	② 99	③ 103	④ 123 ⑤その他
6	① 14	② 28	③ 56	④ 42	⑤その他	16	① 6	② 25	③ 40	④ 60 ⑤その他
7	① 3	② 2	③ 26	④ 30	⑤その他	17	① 1	② 2	③ 3	④ 5 ⑤その他
8	① 7	② 14	③ 28	④ 42	⑤その他	18	① 34	② 125	③ 144	④ 303 ⑤その他
9	① 17	② 18	③ 173	④ 15	⑤その他	19	① 153	② 165	③ 177	④ 210 ⑤その他
10	① 7	② 14	③ 42	④ 28	⑤その他	20	① 1	② 2	③ 3	④ 5 ⑤その他

(2)　A〜H、及びJ欄については、「診療報酬請求書等の記載要領等について」に従い、記入しなさい。

(3)　検査はすべて院内において実施したものです。

(4)　検体検査判断料については、解答用紙のI欄の該当するものを〇で囲みなさい。

(5)　＊標榜診療科目は、内科です。

　　　＊出題のカルテは許可病床数　100床の一般病院の例です。

　　　＊薬剤師は常勤です。

　　　＊出題の保険医療機関は、月曜日から金曜日まで毎日午前9時から午後5時まで診療、土曜日の午後と
　　　　日曜日・祝日は休診です。

　　　＊薬剤価格等については、カルテに表示してある価格で算定しなさい。

　　　＊画像は全てデジタル撮影で、電子画像に保存しています。

(6)　このカルテは検定試験用として作成されたものですので、臨床的内容と一部異なる場合があります。

【注意事項】

「診療報酬請求書等の記載要領」とは、厚生労働省通知（「診療報酬請求書等の記載要領等について」）に示
されている記載要領のことです。よって、現在、医療機関等で慣用化されている略号等を用いて記載されたも
のについては、正解とみなされませんので、充分ご注意ください。

診　療　録

保険者番号		1 3 8 2 5 5	氏名	岡山 玲子 男・⼥	公費負担者番号①					
被保険者証 被保険者手帳	記号・番号	38-51・6969(枝番)00	受診者		受給者番号①					
	有効期限	令和　年　月　日		明・大・㊊・平 35 年　9 月 9 日生	公費負担者番号②					
資格取得		令和　年　月　日		住所	省略	受給者番号②					
被保険者氏名						保険者	所在地	省略		
事業所 (船舶所有者)	所在地	省略		職業	本人		名称	東京都立川市		
	名称									

傷　病　名	職務	開　始	終　了	転　帰	期間満了予定日
(1)　糖尿病(主)	上外	3年8月27日	年月日	治ゆ・死亡・中止	年　月　日
(2)　糖尿病性腎症	上外	3年10月1日	年月日	治ゆ・死亡・中止	年　月　日
(3)　過活動膀胱	上外	3年10月15日	年月日	治ゆ・死亡・中止	年　月　日
	上外	年月日	年月日	治ゆ・死亡・中止	年　月　日
	上外	年月日	年月日	治ゆ・死亡・中止	年　月　日

既往症・原因・主要症状・経過	処方・手術・処置　等
10.1 内科(Dr.永作) 　B.W.　79kg 　B.P.　135/85 　口喝・多尿が酷い 　継続治療および投薬希望 　尿検査・血液検査(静脈採血) 　薬剤情報提供(手帳記載)	10.1 　検尿:U-検 　検血:R、W、Hb、Ht 　　　　グルコース、TP、T-BIL、D-BIL、AST、ALT、 　　　　LD、Na・Cl、K、T-cho、HDL-c、LDL-c、 　　　　クレアチニン 　Rp)メトグルコ錠250mg　3錠(1錠=10.1円) 　　　　　　　　　　分3(毎食後)×14TD 　　　　アクトス錠15mg　1錠(1錠=26.4円) 　　　　　　　　　　分1(朝食後)×14TD
10.15 内科(Dr.永作) 　頻尿で1時間もたないとのこと 　継続治療および投薬希望 　尿検査・血液検査(静脈採血) 　画像診断 　薬剤情報提供(手帳記載)	10.15 　検血:HbA1c 　検尿:U-検・Sed(鏡検) 　腹部単純X-P(電子画像管理)1回撮影 　Rp)do×14TD 　　　ベタニス錠50mg　1錠(1錠=147円) 　　　　　　　　　　分1(朝食後)×14TD
10.29 内科(Dr.永作) 　生活習慣病管理料 (Ⅱ) 　　糖尿病について療養計画を作成 　　丁寧に説明し患者の同意を得ている。 　　治療計画及び検査結果等は別紙添付 　　(省略) 　継続治療および投薬希望 　薬剤情報提供(手帳記載) 　以下省略	10.29 　Rp)do×28TD 　以下省略

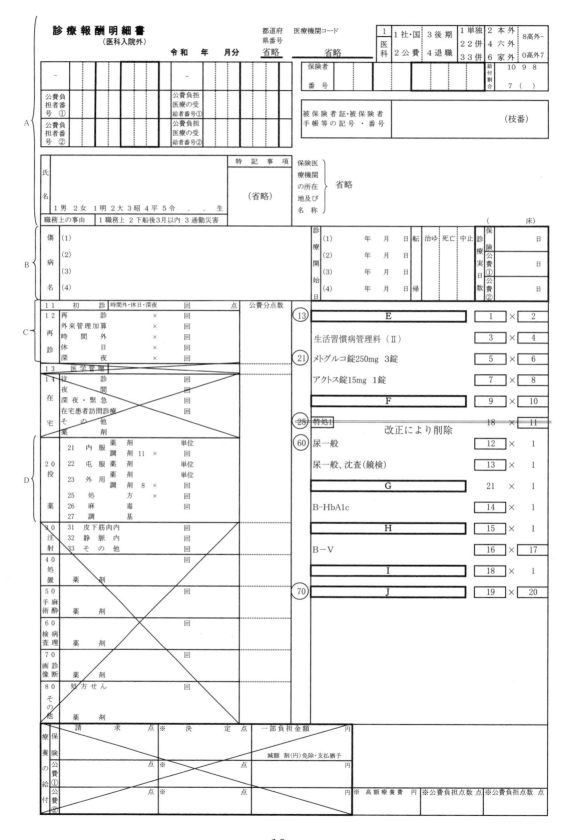

設問２．次の文章を読み、正しいものは①の、誤っているものは②のマークシート欄を塗りつぶ
　　　しなさい（①または②のみにマークする機械的な回答は、該当する全ての設問を０点と
　　　する）。

21 個別の費用の計算を基礎となった項目ごとに記載した明細書の発行等につき別に厚生
労働大臣が定める施設基準を満たす診療所において、明細書が不要である旨を申し出
た患者に対しては、明細書発行体制等加算は算定できない。

22 算定要件を満たしていれば、同一月に喘息治療管理料と特定疾患療養管理料を算定す
ることができる。

23 診療所または許可病床数 200 床未満の病院である保険医療機関において、厚生労働大
臣が定める疾患を主病とする患者に対して処方を行った場合は、特定疾患に対する投
薬であれば外用薬であっても特定疾患処方管理加算を算定できる。

24 注射の薬剤料については、１回分使用量につき薬価が 15 円以下である場合は算定しな
い。

25 初診時（時間内）に６歳の患者に対し熱傷処置（3,000 ㎠）を行ったので、559 点を算
定した。

26 副鼻腔洗浄に伴う単なる鼻処置は、副鼻腔洗浄または吸引の所定点数に含まれ別に算
定できない。

27 β-リポ蛋白は、基本診療料に含まれ算定できない。

28 「糖尿病疑い」の初診月に、原則として耐糖能精密検査の算定は認められない。

29 保険医療機関は、療養の給付の担当に関する帳簿及び書類その他の記録をその完結の
日から３年間保存しなければならない。ただし、患者の診療録にあっては、その完結
の日から５年間とする。

30 画像診断の際に患者が着用する病衣代は、実費徴収が認められる。

3級 医療秘書技能検定試験問題②答案用紙

学校名 (出身校)		在学（　）年生 既卒

フリガナ		
	(姓)	(名)
受験者氏名		

級区分

1級	①
準1級	㊀
2級	②
3級	●

答案種類

問題①	①
問題②	●

職　業

医療機関勤務	①
学　　　生	②
会　社　員	③
主　　　婦	④
そ　の　他	⑤

受　験　番　号
（最後に番号とマークをもう一度確認すること）

番号を記入しマークしてください。

①①①①①①①
②②②②②②②
③③③③③③③
④④④④④④④
⑤⑤⑤⑤⑤⑤⑤
⑥⑥⑥⑥⑥⑥⑥
⑦⑦⑦⑦⑦⑦⑦
⑧⑧⑧⑧⑧⑧⑧
⑨⑨⑨⑨⑨⑨⑨
⓪⓪⓪⓪⓪⓪⓪

設問1（1）

設問	解　答　欄
1	① ② ③ ④ ⑤
2	① ② ③ ④ ⑤
3	① ② ③ ④ ⑤
4	① ② ③ ④ ⑤
5	① ② ③ ④ ⑤
6	① ② ③ ④ ⑤
7	① ② ③ ④ ⑤
8	① ② ③ ④ ⑤
9	① ② ③ ④ ⑤
10	① ② ③ ④ ⑤

設問	解　答　欄
11	① ② ③ ④ ⑤
12	① ② ③ ④ ⑤
13	① ② ③ ④ ⑤
14	① ② ③ ④ ⑤
15	① ② ③ ④ ⑤
16	① ② ③ ④ ⑤
17	① ② ③ ④ ⑤
18	① ② ③ ④ ⑤
19	① ② ③ ④ ⑤
20	① ② ③ ④ ⑤

※裏面 設問1（2）、（3）へ

設問2

設問	解　答　欄
21	① ②
22	① ②
23	① ②
24	① ②
25	① ②
26	① ②
27	① ②
28	① ②
29	① ②
30	① ②

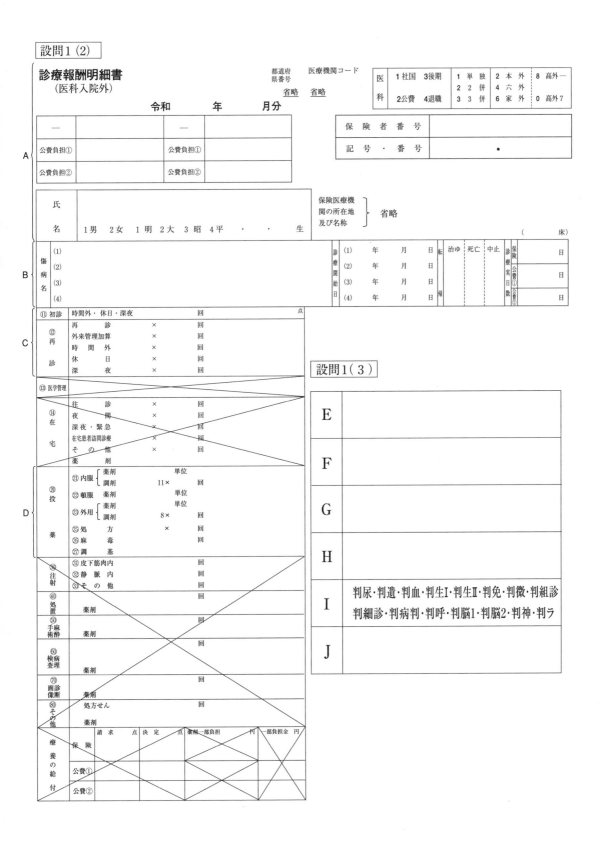

設問1（2）

診療報酬明細書
（医科入院外）

令和　　年　　月分

医科	1社国　3後期	1	単独	2	本　外	8	高外一
		2	2 併	4	六　外	0	高外7
	2公費　4退職	3	3 併	6	家　外		

都道府県番号　省略　　医療機関コード　省略

| 保 険 者 番 号 | |
| 記 号 ・ 番 号 | ・ |

A
—		—	
公費負担①		公費負担①	
公費負担②		公費負担②	

氏名　　1男 2女　1明 2大 3昭 4平　・　・　生

保険医療機関の所在地及び名称　省略　　（　　　床）

B
傷病名
(1)
(2)
(3)
(4)

診療開始日
(1) 　年　月　日
(2) 　年　月　日
(3) 　年　月　日
(4) 　年　月　日

転帰　治ゆ　死亡　中止

診療実日数
保険　　　　日
公費①　　　日
公費②　　　日

C
⑪ 初診　時間外・休日・深夜　　　回　　　　点
⑫ 再診
　再　　　　診　×　　　回
　外来管理加算　×　　　回
　時　間　外　×　　　回
　休　　　日　×　　　回
　深　　　夜　×　　　回

D
⑬ 医学管理
⑭ 在宅
　往　　　診　×　　　回
　夜　　　間　×　　　回
　深夜・緊急　×　　　回
　在宅患者訪問診療　　　回
　そ　の　他　×　　　回
　薬　　　剤

⑳ 投薬
　㉑ 内服｛薬剤　　　　単位
　　　　　調剤　11×　　　回
　㉒ 頓服　薬剤　　　　単位
　㉓ 外用｛薬剤　　　　単位
　　　　　調剤　8×　　　回
　㉕ 処　方　×　　　回
　㉖ 麻　毒　　　　　　回
　㉗ 調　基

㉚ 注射
　㉛ 皮下筋肉内　　　回
　㉜ 静　脈　内　　　回
　㉝ そ　の　他　　　回

⑩ 処置　薬剤　　　回

㊿ 手術麻酔　薬剤　　　回

㊼ 検査病査　薬剤　　　回

⑦ 画像診断　薬剤　　　回

⑧ その他　処方せん　　　回　　薬剤

療養の給付
	請 求　点	決 定　点	薬剤一部負担　円	一部負担金 円
保険				
公費①				
公費②				

設問1（3）

E	
F	
G	
H	
I	判尿・判遺・判血・判生I・判生II・判免・判微・判組診　判細診・判病判・判呼・判脳1・判脳2・判神・判ラ
J	

MEMO

第 68 回（ 2022 年 6 月 5 日実施 ）

医療秘書技能検定試験
3級

問題②「医療事務」

試験時間　60分

設問1. 次の指示に従って、答案用紙に記入しなさい。

(1) 1 ～ 20 については、下記の解答欄の中の正しい解答の番号のマーク欄を塗りつぶしなさい。

1	① 1	② 3	③ 4	④ 7	⑤その他	11	① 7	② 6	③ 62	④ 60	⑤その他
2	① 1	② 2	③ 3	④ 5	⑤その他	12	① 1	② 2	③ 3	④ 4	⑤その他
3	① 4	② 5	③ 47	④ 50	⑤その他	13	① 40	② 4	③ 5	④ 50	⑤その他
4	① 7	② 14	③ 21	④ 28	⑤その他	14	① 12	② 15	③ 17	④ 21	⑤その他
5	① 36	② 37	③ 360	④ 361	⑤その他	15	① 1	② 2	③ 3	④ 4	⑤その他
6	① 5	② 7	③ 14	④ 21	⑤その他	16	① 6	② 12	③ 40	④ 60	⑤その他
7	① 5	② 46	③ 50	④ 502	⑤その他	17	① 1	② 2	③ 3	④ 4	⑤その他
8	① 16	② 20	③ 22	④ 163	⑤その他	18	① 125	② 144	③ 150	④ 419	⑤その他
9	① 55	② 85	③ 155	④ 270	⑤その他	19	① 67	② 160	③ 180	④ 247	⑤その他
10	① 1	② 2	③ 3	④ 4	⑤その他	20	① 1	② 2	③ 3	④ 5	⑤その他

(2) A～H、及びJ欄については、「診療報酬請求書等の記載要領等について」に従い、記入しなさい。

(3) 検査はすべて院内において実施したものです。

(4) 検体検査判断料については、解答用紙の I 欄の該当するものを○で囲みなさい。

(5) ＊標榜診療科目は、内科および皮膚科です。

　　＊出題のカルテは許可病床数　100床の一般病院の例です。

　　＊薬剤師は常勤です。

　　＊出題の保険医療機関は、月曜日から金曜日まで毎日午前9時から午後5時まで診療、土曜日の午後と

　　　日曜日・祝日は休診です。

　　＊薬剤価格等については、カルテに表示してある価格で算定しなさい。

　　＊画像は全てデジタル撮影で、電子画像に保存しています。

(6) このカルテは検定試験用として作成されたものですので、臨床的内容と一部異なる場合があります。

【注意事項】

「診療報酬請求書等の記載要領」とは、厚生労働省通知（「診療報酬請求書等の記載要領等について」）に示されている記載要領のことです。よって、現在、医療機関等で慣用化されている略号等を用いて記載されたものについては、正解とみなされませんので、充分ご注意ください。

診　療　録

保険者番号	3 9 1 3 1 2 3 4	氏名	大島幸子	公費負担者番号①				
被保険者証 被保険者手帳	記号・番号　01234567		男・安	受給者番号①				
	負担割合　　1割	受	明・大・昭・平 7年 4月 25日生	公費負担者番号②				
資格取得	年 月 日	診 住所	省略	受給者番号②				
被保険者氏名	大島 幸子			保	所在地	省略		
事業所 (船舶所有者)	所在地 名称	省略 者 職業	本人	険 者	名称	東京都千代田区		

傷　病　名	職務	開　始	終　了	転　帰	期間満了予定日
(1)　老人性皮膚掻痒症(主)	上外	4年5月6日	年 月 日	治ゆ・死亡・中止	年　月　日
(2)　足白癬症	上外	4年3月14日	年 月 日	治ゆ・死亡・中止	年　月　日
(3)　急性扁桃炎	上外	4年5月20日	年 月 日	治ゆ・死亡・中止	年　月　日
	上外	年 月 日	年 月 日	治ゆ・死亡・中止	年　月　日
	上外	年 月 日	年 月 日	治ゆ・死亡・中止	年　月　日

既往症・原因・主要症状・経過	処方・手術・処置 等
5.6 皮膚科(Dr.三浦) 　B.W. 42kg 　B.P. 145/90 　背部は痒く、入浴後は特に痒く、孫の手で掻いている。両足も痒く、皮膚がただれている 　背部に多くの掻き傷あり、赤く腫れあがっている 　足部は細菌検査を実施 　薬剤情報提供(手帳記載) 5.13 皮膚科(Dr.三浦) 　やや痒みが減少したとのこと 　引き続き処置と投薬を実施 　薬剤情報提供(手帳記載) 5.20 皮膚科(Dr.三浦) 　経過良好、本日も処置と投薬を実施 　薬剤情報提供(手帳記載) 内科(Dr.相良) 　扁桃腺が腫れている。 　B.T.37.6℃ 　血液検査および投薬を実施 　薬剤情報提供(手帳記載) 　以下省略	5.6 　検査:細菌培養同定検査(足部皮膚)、排泄物、滲出 　　　物又は分泌物の細菌顕微鏡検査(その他) 　処置:皮膚科軟膏処置(1,600㎠) 　　　ヒルドイドソフト軟膏0.3%　3g(1g= 18.5円) 　　　レスタミンコーワクリーム1%　3g(1g= 2.32円) 　Rp) トランサミン錠250mg　3錠(1錠=10.1円)〕① 　　　ポララミン錠2mg　3錠(1錠=5.7円) 　　　　　　　　　　　　　分3(毎食後)×7TD 　　　ヒルドイドソフト軟膏0.3%　25g 　　　マイコスポールクリーム1%　10g(1g= 16.3円) 5.13 　処置:do 　Rp)① do×7TD 5.20 　処置:皮膚科軟膏処置(1,200㎠) 　　　ヒルドイドソフト軟膏0.3%　2g 　　　レスタミンコーワクリーム1%　2g 　Rp)① do×14TD 　検血:R、W、Hb、Ht 　　　グルコース、TP、T-BIL、D-BIL、AST、ALT、 　　　LD、Na・Cl、K、T-cho、HDL-c、LDL-c、 　　　クレアチニン 　Rp) ケフラール250mg　6C(1C=54.7円)〕② 　　　ロキソニン60mg　3錠(1錠= 10.1円) 　　　　　　　　　　　分3(毎食後)×5TD 　以下省略

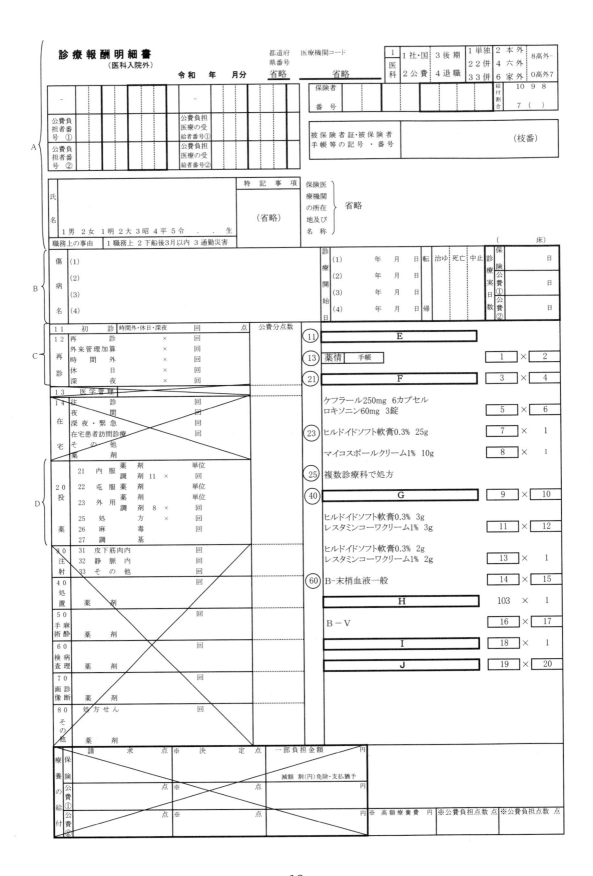

診 療 報 酬 明 細 書
（医科入院外）
令和　年　月分

18

設問2. 次の文章を読み、正しいものは①の、誤っているものは②のマークシート欄を塗りつぶしなさい（①または②のみにマークする機械的な回答は、該当する全ての設問を0点とする）。

21 外来診療料に包括される処置を行った場合、包括される処置に使用した薬剤料も算定できない。

22 院内トリアージ実施料は、トリアージの結果、優先度が低く結果的に長時間待った患者には算定できない。

23 明細書発行体制等加算を算定しない診療所であれば、電子請求を行っている場合でも明細書を発行しなくてもよい。

24 中心静脈注射カテーテル挿入において、3歳未満の患者であって、短腸症候群の患者に対して静脈切開法を用いて行った場合は、静脈切開法加算を算定する。

25 骨髄像検査を行った場合には、骨髄像診断加算として必ず検体検査判断料に骨髄診断加算が算定できる。

26 手術料（輸血料を除く）は、特別の理由がある場合を除き、入院中の患者及び入院中の患者以外の患者にかかわらず、同種の手術が同一日に2回以上実施される場合には、それぞれの点数を算定する。

27 処置の際、傷口が化膿しており、外皮用殺菌剤と一緒に大量のガーゼ・脱脂綿を使用したため、衛生材料費として患者から負担金を徴収した。

28 呼吸心拍監視を人工呼吸と同一日に行った場合には人口呼吸の所定点数のみを算定する。

29 真皮欠損用グラフトは、一局所に2回を限度として算定する。

30 頸部固定帯を使用した場合は、腰部又は胸部固定帯固定にて算定する。

第68回

3 級 **医療秘書技能検定試験問題②答案用紙**

学 校 名 (出身校)		在学（　）年生 既卒

フリガナ	(姓)　　　　　　　　(名)
受験者氏名	

受 験 番 号
(最後に番号とマークをもう一度確認すること)

番号を記入しマークしてください。

① ① ① ① ① ① ①
② ② ② ② ② ② ②
③ ③ ③ ③ ③ ③ ③
④ ④ ④ ④ ④ ④ ④
⑤ ⑤ ⑤ ⑤ ⑤ ⑤ ⑤
⑥ ⑥ ⑥ ⑥ ⑥ ⑥ ⑥
⑦ ⑦ ⑦ ⑦ ⑦ ⑦ ⑦
⑧ ⑧ ⑧ ⑧ ⑧ ⑧ ⑧
⑨ ⑨ ⑨ ⑨ ⑨ ⑨ ⑨
⓪ ⓪ ⓪ ⓪ ⓪ ⓪ ⓪

級 区 分	
1級	①
準1級	⑴
2級	②
3級	●

答案種類	
問題①	①
問題②	●

職　　業	
医療機関勤務	①
学　　生	②
会　社　員	③
主　　婦	④
そ　の　他	⑤

設問1（1）

設 問	解　答　欄
1	① ② ③ ④ ⑤
2	① ② ③ ④ ⑤
3	① ② ③ ④ ⑤
4	① ② ③ ④ ⑤
5	① ② ③ ④ ⑤
6	① ② ③ ④ ⑤
7	① ② ③ ④ ⑤
8	① ② ③ ④ ⑤
9	① ② ③ ④ ⑤
10	① ② ③ ④ ⑤

設 問	解　答　欄
11	① ② ③ ④ ⑤
12	① ② ③ ④ ⑤
13	① ② ③ ④ ⑤
14	① ② ③ ④ ⑤
15	① ② ③ ④ ⑤
16	① ② ③ ④ ⑤
17	① ② ③ ④ ⑤
18	① ② ③ ④ ⑤
19	① ② ③ ④ ⑤
20	① ② ③ ④ ⑤

※裏面 設問1（2）、（3）へ

設問2

設 問	解　答　欄
21	① ②
22	① ②
23	① ②
24	① ②
25	① ②
26	① ②
27	① ②
28	① ②
29	① ②
30	① ②

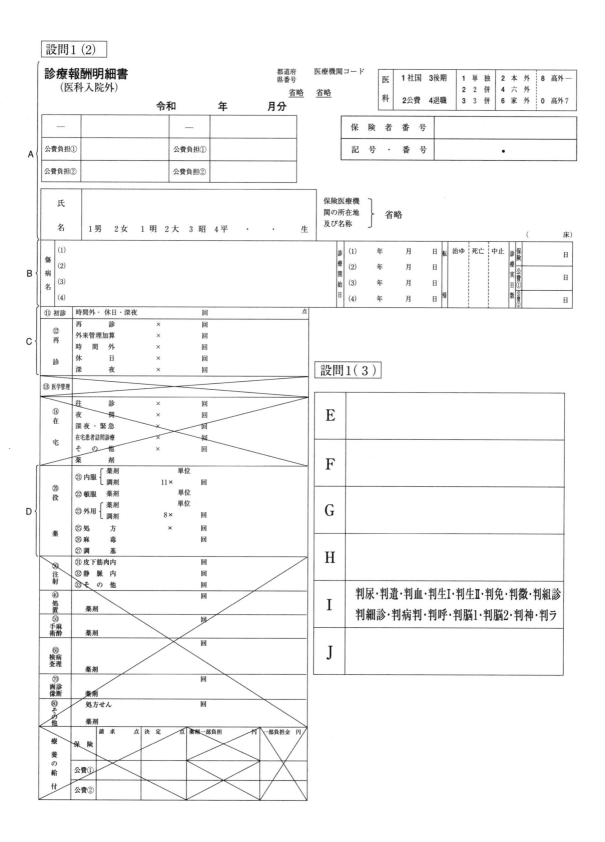

設問1（2）

診療報酬明細書
（医科入院外）

令和　　　年　　　月分

医	1 社国	3 後期	1 単 独	2 本 外	8 高外一
	2 2 併		2 2 併	4 六 外	
科	2 公費	4 退職	3 3 併	6 家 外	0 高外7

設問1（3）

E	
F	
G	
H	
I	判尿・判遺・判血・判生I・判生II・判免・判微・判組診 判細診・判病判・判呼・判脳1・判脳2・判神・判ラ
J	

MEMO

第 69 回（ 2022 年 11 月 6 日実施 ）

医療秘書技能検定試験
3級

問題②「医療事務」

試験時間　60 分

設問１． 次の指示に従って、答案用紙に記入しなさい。

(1) 　1　～　20　については、下記の解答欄の中の正しい解答の番号のマーク欄を塗りつぶしなさい。

1	① 1	② 10	③ 12	④ 16	⑤その他	11	① 11	② 93	③ 99	④ 103	⑤その他
2	① 1	② 2	③ 3	④ 5	⑤その他	12	① 6	② 40	③ 75	④ 35	⑤その他
3	① 10	② 12	③ 24	④ 120	⑤その他	13	① 1	② 2	③ 3	④ 5	⑤その他
4	① 12	② 60	③ 135	④ 147	⑤その他	14	① 30	② 45	③ 50	④ 67	⑤その他
5	① 52	② 135	③ 147	④ 270	⑤その他	15	① 10	② 13	③ 16	④ 160	⑤その他
6	① 10	② 11	③ 100	④ 101	⑤その他	16	① 1	② 2	③ 3	④ 5	⑤その他
7	① 2	② 3	③ 20	④ 21	⑤その他	17	① 269	② 413	③ 438	④ 563	⑤その他
8	① 1	② 2	③ 3	④ 5	⑤その他	18	① 111	② 210	③ 230	④ 256	⑤その他
9	① 12	② 17	③ 21	④ 25	⑤その他	19	① 28	② 40	③ 60	④ 86	⑤その他
10	① 1	② 2	③ 3	④ 5	⑤その他	20	① 1	② 2	③ 3	④ 5	⑤その他

(2) Ａ～Ｇ及びＩ、Ｊ欄については、「診療報酬請求書等の記載要領等について」に従い、記入しなさい。

(3) 検査はすべて院内において実施したものです。

(4) 検体検査判断料については、解答用紙のＨ欄の該当するものを〇で囲みなさい。

(5) ＊標榜診療科目は、内科および耳鼻咽喉科です。

　　＊出題のカルテは許可病床数　100床の一般病院の例です。

　　＊薬剤師は常勤です。

　　＊出題の保険医療機関は、月曜日から金曜日まで毎日午前９時から午後５時まで診療、土曜日の午後と

　　　日曜日・祝日は休診です。

　　＊薬剤価格等については、カルテに表示してある価格で算定しなさい。

　　＊画像は全てデジタル撮影で、電子画像に保存しています。

(6) このカルテは検定試験用として作成されたものですので、臨床的内容と一部異なる場合があります。

【注意事項】

「診療報酬請求書等の記載要領」とは、厚生労働省通知（「診療報酬請求書等の記載要領等について」）に示されている記載要領のことです。よって、現在、医療機関等で慣用化されている略号等を用いて記載されたものについては、正解とみなされませんので、充分ご注意ください。

診　療　録

保険者番号		0 6 1 3 2 5 0 0		氏名	足立 理沙 男・⊛女	公費負担者番号①		
被保険者証 被保険者手帳	記号・番号	4520・7001(枝)59	受			受給者番号①		
	有効期限	令和 年 月 日	診	明・大・昭・⊛平 29 年 4 月 13 日生		公費負担者番号②		
資格取得		令和 年 月 日	者	住所	省略	受給者番号②		
被保険者氏名		足立 憲伸				保険者	所在地	省略
事業所 (船舶所有者)	所在地	省略		職業	家族		名称	東京都医業 健保組合
	名称							

傷　病　名	職務	開　始	終　了	転　帰	期間満了予定日
(1)　急性扁桃炎(主)	上外	4 年 10 月 7 日	年 月 日	治ゆ・死亡・中止	年 月 日
(2)　アトピー性皮膚炎	上外	4 年 10 月 7 日	年 月 日	治ゆ・死亡・中止	年 月 日
(3)　川崎病の疑い	上外	4 年 10 月 7 日	4 年 10 月 7 日	治ゆ・死亡・㊀中止	年 月 日
(4)　左手部熱傷(第2度)	上外	4 年 10 月 21 日	年 月 日	治ゆ・死亡・中止	年 月 日
	上外	年 月 日	年 月 日	治ゆ・死亡・中止	年 月 日

既往症・原因・主要症状・経過	処　方・手　術・処　置　等
10.7 耳鼻咽喉科(Dr.米倉) 　患者は5歳 　体温38.0℃ 身長113.0cm 体重27.0kg 　BMI:21.1 　咳が止まらない 喉の痛み 鼻閉あり 　顔面に赤い発疹	10.7 　検査:R、W、Ht、Hb 　　　TP、T-BIL、D-BIL、AST、ALT、 　　　LD、Na・Cl、K、BUN、蛋白分画 　処置:咽頭処置 　　　ネブライザ 　　　ビソルボン吸入液0.2% 3ml(1ml=11.1円) 　　　生理食塩液 5ml 1A(1A=62円) 　投薬(院外処方箋を交付) 　Rp)アスベリンドライシロップ2% 0.3g(1g=9.8円) 　　　ムコダインDS 50% 1.0g(1g=16.4円) ① 　　　ペリアクチン散1% 0.9g(1g=6.5円) 　　　　　　　　　　分3(毎食後)×7TD 　　　アルメタ軟膏0.1% 5g(1g=22.2円) 　画像診断:胸部X-P(四×1)(電子画像管理)
10.14 耳鼻咽喉科(Dr.米倉) 　咳 喉の痛み 鼻閉は変わらず 　やや顔面の赤みは減少 　引き続き処置と投薬を実施	10.14 　処置:咽頭処置 ネブライザ do 　投薬(院外処方箋を交付) 　Rp)① do×7TD
10.21 耳鼻咽喉科(Dr.米倉) 　やかんに手が触れた(第2度熱傷と診断) 　処置と検査を実施。 　扁桃炎の経過は良好、 　本日も処置と投薬を実施 　以下省略	10.21 　処置:咽頭処置 ネブライザ do 　　　熱傷処置(90 ㎠) 　　　ヒルドイドソフト軟膏0.3% 1g(1g=18.50円) 　投薬(院外処方箋を交付) 　Rp)① do×7TD 　　　ヒルドイドソフト軟膏0.3% 25g 　検査:C反応性蛋白 排泄物、滲出物又は分泌物の細菌顕微鏡検査(その他) 　以下省略

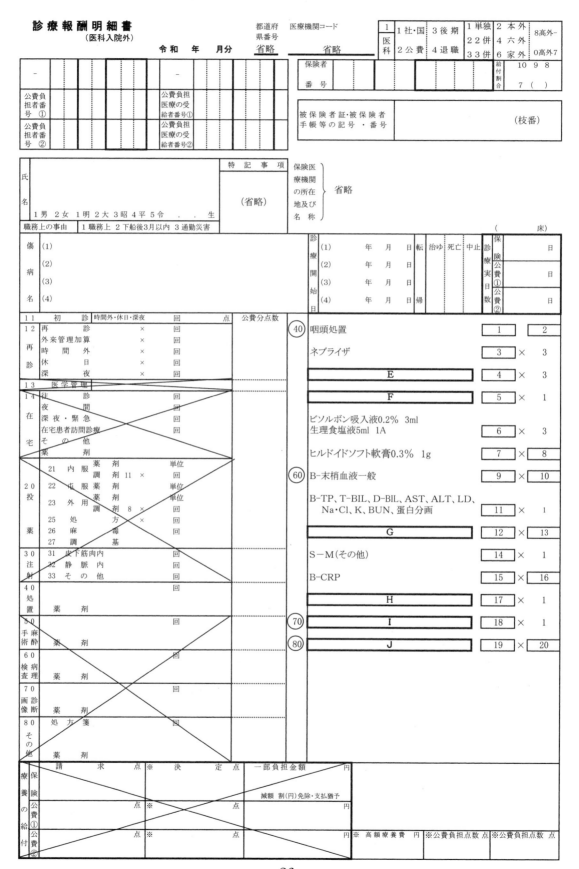

設問2．次の文章を読み、正しいものは①の、誤っているものは②のマークシート欄を塗りつぶしなさい（①または②のみにマークする機械的な回答は、該当する全ての設問を0点とする）。

21 診療時間外・時間内に傷病手当金意見書交付料のみを交付した場合、診療時間内・外にかかわらず再診料は算定できない。交付料のみを算定する。

22 全身性エリテマトーデスは、皮膚科特定疾患指導管理料（Ⅰ）の対象疾患である「エリテマトーデス（紅斑性狼瘡）」に該当する。

23 同一医療機関において同一月内に処方箋の交付がある場合、同一日でなければ調剤技術基本料は算定できる。

24 人工腎臓の回路より注射を行った場合は、当該注射に係る費用は別に算定できない。

25 中心静脈注射と点滴注射の費用は同一日に併算定できる。

26 関節捻挫に対し副木固定のみを行った場合は、創傷処置により算定し、副木は特定保険医療材料の項による。

27 超音波検査2断層撮影法の「ロ」において、乳腺は「(3)その他」に該当する。

28 内視鏡検査当日に、検査に関連して行う注射実施料は別に算定できない。

29 注腸を実施する際の前処置として行った高位浣腸の処置料は所定点数に含まれ、別途算定できない。

30 同一日に初診、再診（電話等再診を含む）が2回行われた場合の実日数は、2日と数える。

第69回
3 級 医療秘書技能検定試験問題②答案用紙

学校名 (出身校)		在学（ ）年生 既卒

フリガナ		
受験者氏名	(姓)	(名)

受 験 番 号
（最後に番号とマークをもう一度確認すること）

番号を記入しマークしてください。

① ① ① ① ① ① ①
② ② ② ② ② ② ②
③ ③ ③ ③ ③ ③ ③
④ ④ ④ ④ ④ ④ ④
⑤ ⑤ ⑤ ⑤ ⑤ ⑤ ⑤
⑥ ⑥ ⑥ ⑥ ⑥ ⑥ ⑥
⑦ ⑦ ⑦ ⑦ ⑦ ⑦ ⑦
⑧ ⑧ ⑧ ⑧ ⑧ ⑧ ⑧
⑨ ⑨ ⑨ ⑨ ⑨ ⑨ ⑨
⓪ ⓪ ⓪ ⓪ ⓪ ⓪ ⓪

級区分	
1級	①
準1級	(準)
2級	②
3級	●

答案種類	
問題①	①
問題②	●

職 業	
医療機関勤務	①
学 生	②
会 社 員	③
主 婦	④
そ の 他	⑤

設問1（1）

設問	解 答 欄
1	① ② ③ ④ ⑤
2	① ② ③ ④ ⑤
3	① ② ③ ④ ⑤
4	① ② ③ ④ ⑤
5	① ② ③ ④ ⑤
6	① ② ③ ④ ⑤
7	① ② ③ ④ ⑤
8	① ② ③ ④ ⑤
9	① ② ③ ④ ⑤
10	① ② ③ ④ ⑤

設問	解 答 欄
11	① ② ③ ④ ⑤
12	① ② ③ ④ ⑤
13	① ② ③ ④ ⑤
14	① ② ③ ④ ⑤
15	① ② ③ ④ ⑤
16	① ② ③ ④ ⑤
17	① ② ③ ④ ⑤
18	① ② ③ ④ ⑤
19	① ② ③ ④ ⑤
20	① ② ③ ④ ⑤

※裏面 設問1（2）、（3）へ

設問2

設問	解 答 欄
21	① ②
22	① ②
23	① ②
24	① ②
25	① ②
26	① ②
27	① ②
28	① ②
29	① ②
30	① ②

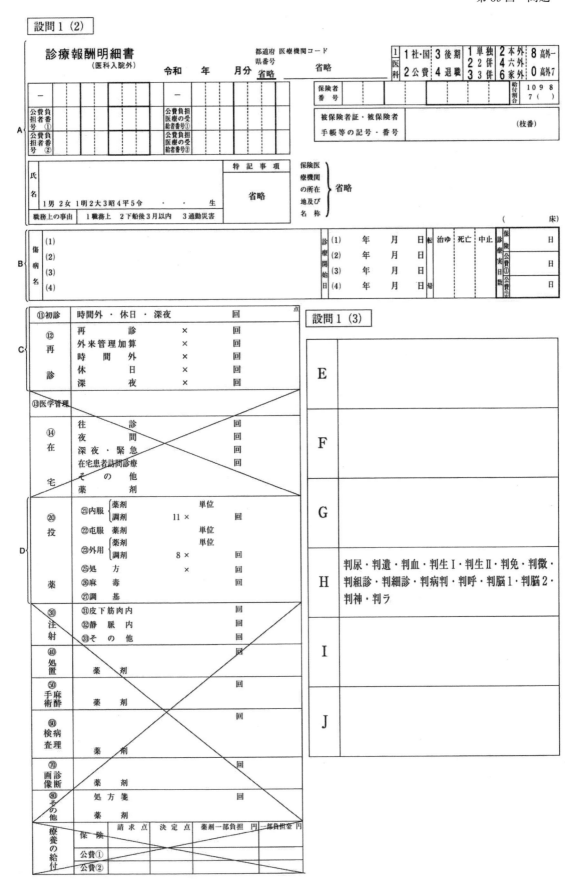

設問1（2）

設問1（3）

| E |
| F |
| G |
| H | 判尿・判遺・判血・判生Ⅰ・判生Ⅱ・判免・判微・判組診・判細診・判病判・判呼・判脳1・判脳2・判神・判ラ |
| I |
| J |

MEMO

第 70 回（ 2023 年 6 月 11 日実施 ）

医療秘書技能検定試験
3級

問題② 「医療事務」

試験時間　60 分

設問1. 次の指示に従って、答案用紙に記入しなさい。

(1)　　1　～　20　については、下記の解答欄の中の正しい解答の番号のマーク欄を塗りつぶしなさい。

1	① 225	② 147	③ 87	④ 128	⑤ その他	11	① 1	② 2	③ 3	④ 4	⑤ その他
2	① 75	② 25	③ 130	④ 280	⑤ その他	12	① 12	② 52	③ 16	④ 24	⑤ その他
3	① 750	② 100	③ 235	④ 470	⑤ その他	13	① 3	② 4	③ 5	④ 6	⑤ その他
4	① 470	② 270	③ 130	④ 235	⑤ その他	14	① 93	② 99	③ 103	④ 123	⑤ その他
5	① 3	② 50	③ 87	④ 7	⑤ その他	15	① 93	② 99	③ 106	④ 126	⑤ その他
6	① 1	② 2	③ 3	④ 5	⑤ その他	16	① 50	② 10	③ 40	④ 6	⑤ その他
7	① 2	② 3	③ 10	④ 20	⑤ その他	17	① 5	② 3	③ 2	④ 1	⑤ その他
8	① 14	② 28	③ 42	④ 56	⑤ その他	18	① 125	② 144	③ 269	④ 288	⑤ その他
9	① 1	② 2	③ 3	④ 4	⑤ その他	19	① 180	② 110	③ 70	④ 120	⑤ その他
10	① 18	② 42	③ 56	④ 84	⑤ その他	20	① 202	② 168	③ 153	④ 210	⑤ その他

(2)　A～H、及びJ欄については、「診療報酬請求書等の記載要領等について」に従い、記入しなさい。

(3)　検査はすべて院内において実施したものです。

(4)　検体検査判断料については、解答用紙のI欄の該当するものを○で囲みなさい。

(5)　＊標榜診療科目は、内科、外科、小児科、整形外科、皮膚科、放射線科です。

　　　＊出題のカルテは許可病床数78床の一般病院の例です。

　　　＊薬剤師は常勤です。

　　　＊出題の保険医療機関は、月曜日から金曜日まで毎日午前9時から午後5時まで診療、土曜日の午後と

　　　　日曜日・祝日は休診です。

　　　＊薬剤価格等については、カルテに表示してある価格で算定しなさい。

　　　＊画像は全てデジタル撮影で、電子画像に保存しています。

(6)　このカルテに関する届出事項は次の通りです。

　　　＊画像診断管理加算1

(7)　このカルテは検定試験用として作成されたものですので、臨床的内容と一部異なる場合があります。

【注意事項】

「診療報酬請求書等の記載要領」とは、厚生労働省通知（「診療報酬請求書等の記載要領等について」）に示されている記載要領のことです。よって、現在、医療機関等で慣用化されている略号等を用いて記載されたものについては、正解とみなされませんので、充分ご注意ください。

診　療　録

保険者番号		0 6 1 3 6 4 3 6	氏名	森 川 正 美　男・⑤		公費負担者番号①				
被保険者証被保険者手帳	記号・番号	272・55（枝番）01				受給者番号 ①				
	有効期限	令和　年月日		明・大・⑬・平 42 年 11 月 7 日生		公費負担者番号②				
資格取得		令和　年月日	住所	省略		受給者番号 ②				
被保険者氏名		森川正美				保険者	所在地	省略		
事業所（船舶所有者）	所在地	省略	職業	本人			名称	省略		
	名称									

傷　病　名	職務	開　始	終　了	転　帰	期間満了予定日
(1)　気管支喘息(主)	上外	2年2月27日	年月日	治ゆ・死亡・中止	年　月　日
(2)　不整脈	上外	2年3月4日	年月日	治ゆ・死亡・中止	年　月　日
(3)　虫垂炎	上外	5年4月30日	年月日	治ゆ・死亡・中止	年　月　日
	上外	年月日	年月日	治ゆ・死亡・中止	年　月　日
	上外	年月日	年月日	治ゆ・死亡・中止	年　月　日

既往症・原因・主要症状・経過	処方・手術・処置等
令和5年4月3日（月曜日） 内科（Dr. 山畑） 　昨日就寝前軽い発作あり 　喘鳴有り 　B.P.　105/65 　ピークフローメーターによる治療管理を 　続ける（指導内容の詳細省略） 　テオドール（テオフィリン製剤）　及び 　ワソラン（不整脈用剤）の血中濃度測定 　初回令和2年7月 　投薬治療継続 　特定疾患療養管理（内容省略） 　薬剤情報提供（手帳記載）	4.3 　内科 　検血：W、R、Hb、Ht、PL 　　　　TP、ナトリウム・クロール、AST、ALT、 　　　　ALP、T‐Bil、K 　ネブライザ 　　ビソルボン吸入液2ml（1ml＝11.1 円） 　　アスプール液0.5%2ml（1ml＝17.4 円） 　Rp）①テオドール錠200mg　2錠（1錠=10.4 円） 　　　　　　　　　　分2（朝・夕食後）×14TD 　　　②ワソラン錠40mg　3錠（1錠=7.2 円） 　　　　　　　　　　分3（毎食後）×14TD
4.17 内科（Dr. 山畑） 　容体は安定している 　特定疾患療養管理（内容省略）） 　薬剤情報提供（手帳記載）	4.17 　内科 　Rp）①do×28TD 　　　②do×28TD
4.30（日曜） 内科（Dr. 高井） 　休日 18 時腹部痛で来院 　嘔吐有り 　37.8℃ 　急性虫垂炎の疑い 　検査、画像診断の結果、虫垂炎と診断 　全ての検査結果を文書で説明 　5月1日、手術目的で入院の予定	4.30 　内科 　検血：18：20 　　　末梢血液一般、像(自動機械法) 　　　TP、ナトリウム・クロール、AST、ALT、 　　　LD、T‐Bil、ALP、K、BUN 　　18：40 　腹部単純X－P（電子画像管理）1回撮影 　放射線科医の読影文書 　以下省略

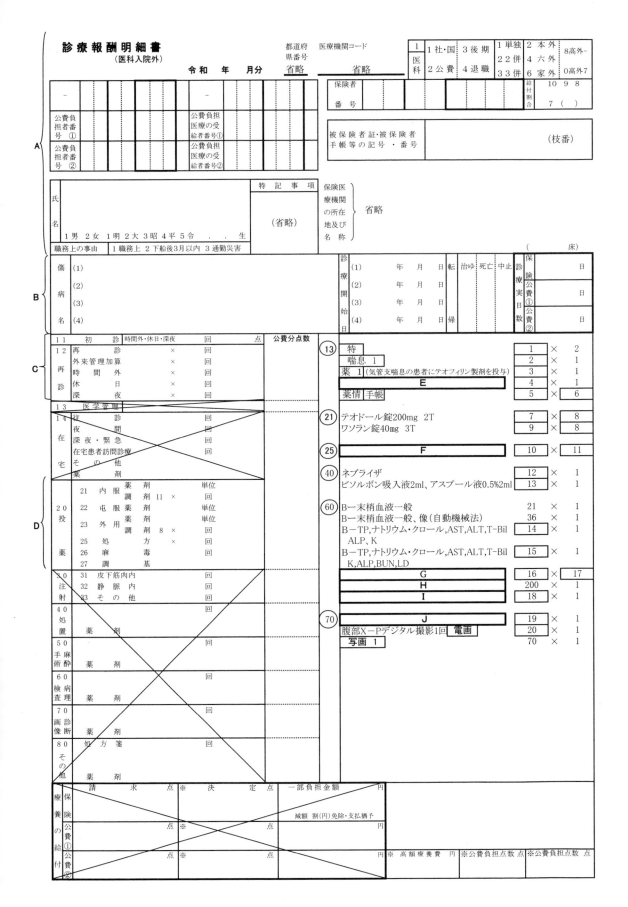

設問2. 次の文章を読み、正しいものは①の、誤っているものは②のマークシート欄を塗りつぶ
しなさい（①または②のみにマークする機械的な回答は、該当する全ての設問を 0 点と
する）。

21 3 歳の患者が緊急で時間外に再診受診した場合、再診料に乳幼児加算 38 点を加算し、更
に時間外等加算を加えて算定する。

22 集団栄養食事指導料における 1 回の指導時間は 20 分を超えるものとする。

23 在宅患者訪問点滴注射管理指導料は、週 3 日以上の点滴を行う必要を認めたものについ
て週 1 回算定するが、週 3 日以上実施できなかった場合には使用した分の薬剤料も算定
できない。

24 特定疾患処方管理加算は初診料を算定した初診の日においても算定できる。

25 対称器官に係る検査の各区分の所定点数は、特に規定する場合を除き、両側の器官に係
る点数とする。

26 臍帯穿刺は関係学会の定める「胎児輸血実施マニュアル」を遵守している場合に限り算
定する。

27 睫毛抜去を上下左右の眼瞼に対して実施した場合、所定点数は 1 回のみ算定する。

28 通院・在宅精神療法は精神科を、標榜する保険医療機関の精神科を担当する医師が訪問
診療又は往診を行った場合には算定できない。

29 対称器官の健側の撮影を患側と比較するため撮影した場合は同一部位の同時撮影を行
った場合として算定する。

30 1500g 未満の児又は新生児に手術を実施した場合には、明細書摘要欄に手術時体重を記
載する必要がある。

設問1（1）

設 問	解 答 欄
1	① ② ③ ④ ⑤
2	① ② ③ ④ ⑤
3	① ② ③ ④ ⑤
4	① ② ③ ④ ⑤
5	① ② ③ ④ ⑤
6	① ② ③ ④ ⑤
7	① ② ③ ④ ⑤
8	① ② ③ ④ ⑤
9	① ② ③ ④ ⑤
10	① ② ③ ④ ⑤

設 問	解 答 欄
11	① ② ③ ④ ⑤
12	① ② ③ ④ ⑤
13	① ② ③ ④ ⑤
14	① ② ③ ④ ⑤
15	① ② ③ ④ ⑤
16	① ② ③ ④ ⑤
17	① ② ③ ④ ⑤
18	① ② ③ ④ ⑤
19	① ② ③ ④ ⑤
20	① ② ③ ④ ⑤

※裏面 設問1（2）、（3）へ

設問2

設 問	解 答 欄
21	① ②
22	① ②
23	① ②
24	① ②
25	① ②
26	① ②
27	① ②
28	① ②
29	① ②
30	① ②

設問1 (2)

診療報酬明細書
（医科入院外）

都道府県番号 省略　医療機関コード 省略

令和　年　月分

医科	1 社国　3後期 2公費　4退職	1 単独 2 2併 3 3併	2 本外 4 六外 6 家外	8 高外一 0 高外7

保険者番号	
記号・番号	・

A

一		一	
公費負担①		公費負担①	
公費負担②		公費負担②	

氏名	1男　2女　1明　2大　3昭　4平　・　・　生

保険医療機関の所在地及び名称　省略

（　床）

B

傷病名	(1) (2) (3) (4)	診療開始日	(1)　年　月　日 (2)　年　月　日 (3)　年　月　日 (4)　年　月　日	転帰	治ゆ　死亡　中止	診療実日数	保険 公費① 公費②	日 日 日

C

⑪ 初診	時間外・休日・深夜	回	点
⑫ 再診	再　診　×	回	
	外来管理加算　×	回	
	時　間　外　×	回	
	休　日　×	回	
	深　夜　×	回	
⑬ 医学管理			
⑭ 在宅	往　診　×	回	
	夜　間　×	回	
	深夜・緊急　×	回	
	在宅患者訪問診療　×	回	
	その他　×	回	
	薬　剤		

D

⑳ 投薬	㉑ 内服 薬剤	単位	
	調剤 11×	回	
	㉒ 頓服 薬剤	単位	
	㉓ 外用 薬剤	単位	
	調剤 8×	回	
	㉕ 処方　×	回	
	㉖ 麻毒	回	
	㉗ 調基		
㉚ 注射	㉛ 皮下筋肉内	回	
	㉜ 静脈内	回	
	㉝ その他	回	
㊵ 処置	薬剤	回	
(50) 手術麻酔	薬剤	回	
(60) 検査病理	薬剤	回	
(70) 画像診断	薬剤	回	
(80) その他	処方せん 薬剤	回	

療養の給付		請求　点	決定　点	薬剤一部負担　円	一部負担金　円
	保険				
	公費①				
	公費②				

設問1（3）

E	
F	
G	
H	
I	判尿・判遺・判血・判生Ⅰ・判生Ⅱ・判免・判微・判組診 判細診・判病判・判呼・判脳1・判脳2・判神・判ラ
J	

MEMO

第71回（2023年11月12日実施）

医療秘書技能検定試験
3級

問題②「医療事務」
試験時間　60分

　　　　　　　　　　　　| 解答は答案用紙に記入のこと |

設問1. 次の指示に従って、答案用紙に記入しなさい。

(1) 　　1　～　20　については、下記の解答欄の中の正しい解答の番号のマーク欄を塗りつぶしなさい。

	①	②	③	④	⑤		①	②	③	④	⑤
1	4	7	15	325	その他	11	10	50	200	40	その他
2	200	190	87	147	その他	12	413	288	269	419	その他
3	11	10	2	1	その他	13	800	2,052	1,140	1,596	その他
4	60	135	52	90	その他	14	36	7	12	117	その他
5	1,090	2,834	1,514	1,962	その他	15	110	1,000	120	180	その他
6	21	22	23	228	その他	16	1,120	1,000	1,020	900	その他
7	0	110	200	50	その他	17	120	450	70	500	その他
8	26	21	9	25	その他	18	340	180	70	120	その他
9	16	11	29	108	その他	19	28	40	60	73	その他
10	93	99	103	123	その他	20	5	7	18	56	その他

(2) A〜G、及びI・J欄については、「診療報酬請求書等の記載要領等について」に従い、記入しなさい。

(3) 検査はすべて院内において実施したものです。

(4) 検体検査判断料については、解答用紙のH欄の該当するものを○で囲みなさい。

(5) ＊標榜診療科目は、内科、外科、小児科、整形外科、皮膚科、放射線科です。

　　＊出題のカルテは許可病床数100床の一般病院の例です。

　　＊薬剤師は常勤です。

　　＊出題の保険医療機関は、月曜日から金曜日まで毎日午前9時から午後5時まで診療、土曜日の午後と
　　　日曜日・祝日は休診です。

　　＊薬剤価格等については、カルテに表示してある価格で算定しなさい。

　　＊画像は全てデジタル撮影で、電子画像に保存しています。

(6) このカルテに関する届出事項は次の通りです。

　　＊画像診断管理加算2、CT撮影（64列以上のマルチスライス型・その他）

(7) このカルテは検定試験用として作成されたものですので、臨床的内容と一部異なる場合があります。

【注意事項】

「診療報酬請求書等の記載要領」とは、厚生労働省通知（「診療報酬請求書等の記載要領等について」）に示されている記載要領のことです。よって、現在、医療機関等で慣用化されている略号等を用いて記載されたものについては、正解とみなされませんので、充分ご注意ください。

診　療　録

保険者番号		0 6 1 4 0 2 4 8		氏名	藤　元　晃 男・女		公費負担者番号①			
被保険者証 被保険者手帳	記号・番号	351・21 （枝番）01	受診者				受給者番号①			
	有効限限	令和 年 月 日		明・大・昭・平 60年7月14日生		公費負担者番号②			
資格取得		令和 年 月 日		住所	省略		受給者番号②			
被保険者氏名		藤元 晃				保険者	所在地		省略
事業所 （船舶所有者）	所在地	省略		職業	本人		名称		省略
	名称								

傷　病　名	職務	開始	終了	転帰	期間満了予定日
(1) 胃潰瘍(主)	上外	4年9月25日	年 月 日	治ゆ・死亡・中止	年 月 日
(2) 急性胃腸炎	上外	5年7月18日	5年7月21日	治ゆ・死亡・中止	年 月 日
(3) アニサキス症の疑い	上外	5年7月18日	5年7月18日	治ゆ・死亡・中止	年 月 日
(4) 左前額部挫創及び打撲	上外	5年7月30日	年 月 日	治ゆ・死亡・中止	年 月 日
	上外	年 月 日	年 月 日	治ゆ・死亡・中止	年 月 日

既往症・原因・主要症状・経過	処方・手術・処置等
令和5年7月4日（火曜日） 内科（Dr. 出口） 　胸やけ続く。胃痛は最近治っている。 　食事等日常生活の指導管理 　投薬を継続 7.18 午前7時半　時間外診療 内科 　昨夕、寿司屋で久しぶりの同窓会、夜中より 　腹痛、下痢　腹痛酷く受診 　アニサキスの疑い。内視鏡実施 　内視鏡所見アニサキスは認めず 　本人に検査結果文書で説明 　投薬治療 7.30（日曜）休日診療 外科（Dr. 坂口） 　自転車で転倒、休日15時に緊急来院 　左前額部をコンクリートに打ち、打撲挫創 　長径4cm　筋肉臓器に達しない 　縫合を行う　真皮縫合加算、デブリードマン 　加算 　頭痛の訴え、CT検査を行う 　CT撮影　放射線科医の読影文書異常なし 　痛み止め投薬 　薬剤情報提供書 7.31 外科 　創部異常なし、良好 　頭痛無し 　　　　　　　以下省略	7.4 内科 　院外処方 　Rp)　①ラフチジン錠10mg　2錠 　　　　　　　分2（朝・夕食後）×28TD 　　　　②テプレノンカプセル50mg　3カプセル 　　　　　　　分3（毎食後）×28TD 7.18 内科 　検血－末梢血液一般、CRP 　　　BUN、AST、ALT、LD、γ-GT、K 　　　Amy、Cre、CK、Na・Cℓ（7：40） 　EF－胃・十二指腸（8：20） 　　　キシロカインビスカス2%5ml（1ml＝5.30円） 　　　キシロカインゼリー2%5ml（1ml＝6.30円） 　　　ブスコパン注2%1ml1A（1A＝59円） 　院外処方　セフゾンカプセル100　3C 　　　　　　ビオフェルミンR　3T　　分3×4TD 7.30 外科 　創傷処理　長径4cm　筋肉臓器に達しない 　真皮縫合加算、デブリードマン加算 　　　キシロカイン注ポリアンプ1%10ml　1A（1A＝79円） 　　　生理食塩液「ヒカリ」50ml 1V（1V＝143円） 　　　ポピドンヨード消毒液10% 10ml（10ml＝13.10円） 　頭部CT撮影（64列以上のマルチスライス型） 　　　　　　　　　電子画像保存　（16：00） 　院内処方 　　カロナール錠500mg 1錠（1T＝11.20円）×4回分 7.31 外科 　創傷処置 　　　　　　　以下省略

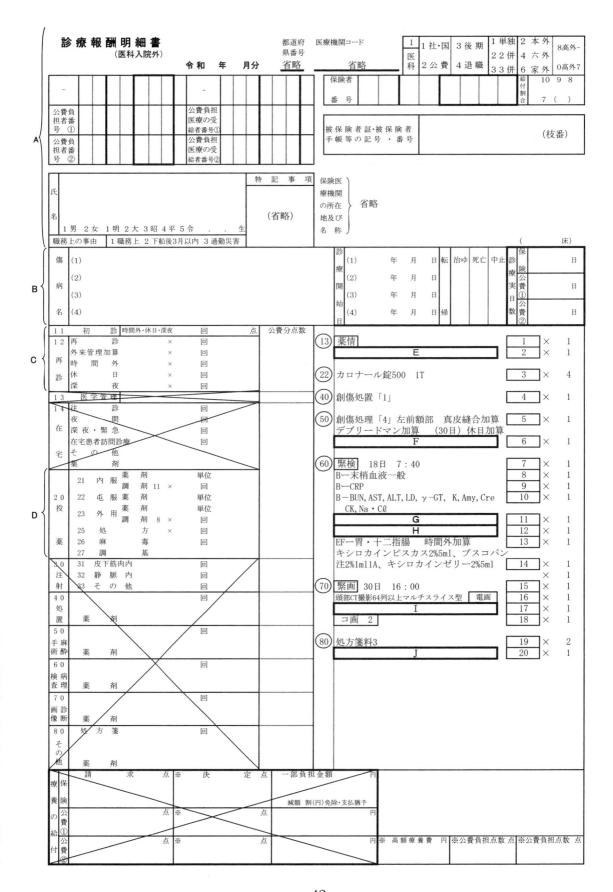

設問2. 次の文章を読み、正しいものは①の、誤っているものは②のマークシート欄を塗りつぶ
しなさい（①または②のみにマークする機械的な回答は、該当する全ての設問を 0 点と
する）。

21 A 傷病について診療継続中の患者が、B 傷病に罹り、B 傷病について初診があった場合、
当該初診については、初診料は算定できないが、再診料を算定できる。

22 算定回数が「週」単位又は「月」単位とされているものについては、特に定めのない限
り、それぞれ月曜日から日曜日までの 1 週間又は月の初日から月の末日までの 1 か月を
単位として算定する。

23 一般不妊治療管理料において、少なくとも 3 月に 1 回以上当該患者及びそのパートナー
に対して治療内容等に係る同意について確認する。

24 往診であって、再診料請求の要件を具備している場合、往診料及び再診料はともに算定
できる。

25 同一月内に 2 回以上実施した場合、所定点数の 100 分の 90 の相当する点数により算定
することとされている生体検査は、外来及び入院にまたがって行われた場合においても、
これらを通算して 2 回目以降は 100 分の 90 で算定する。

26 注射器、注射針又はその両者のみを処方箋により投与することは認められない。

27 リハビリテーション計画提供料 1 について、当該患者が直近 4 月以内に目標設定等支
援・管理料を算定している場合には、目標設定支援シートも併せて提供した場合に算
定できる。

28 熱傷処置を算定する場合は、初回の月日を診療報酬明細書摘要欄に記載する。

29 コンタクトレンズの装用を目的に受診した患者に対して眼科学的検査を行った場合に
は眼科学的検査に加えコンタクトレンズ検査料も算定する。

30 内視鏡的小腸ポリープ切除術においてバルーン内視鏡等の費用は所定点数に含まれ、別
に算定できない。

第71回
3級 **医療秘書技能検定試験問題②答案用紙**

学 校 名 (出身校)		在学（　）年生 既卒

フリガナ	（姓）	（名）
受験者氏名		

受 験 番 号
（最後に番号とマークをもう一度確認すること）

番号を記入しマークしてください。

①	①	①	①	①	①	①
②	②	②	②	②	②	②
③	③	③	③	③	③	③
④	④	④	④	④	④	④
⑤	⑤	⑤	⑤	⑤	⑤	⑤
⑥	⑥	⑥	⑥	⑥	⑥	⑥
⑦	⑦	⑦	⑦	⑦	⑦	⑦
⑧	⑧	⑧	⑧	⑧	⑧	⑧
⑨	⑨	⑨	⑨	⑨	⑨	⑨
⓪	⓪	⓪	⓪	⓪	⓪	⓪

級区分
1級	①
準1級	(準)
2級	②
3級	●

答案種類
| 問題① | ① |
| 問題② | ● |

職　業
医療機関勤務	①
学　　　生	②
会　社　員	③
主　　　婦	④
そ　の　他	⑤

設問1（1）

設問	解 答 欄
1	① ② ③ ④ ⑤
2	① ② ③ ④ ⑤
3	① ② ③ ④ ⑤
4	① ② ③ ④ ⑤
5	① ② ③ ④ ⑤
6	① ② ③ ④ ⑤
7	① ② ③ ④ ⑤
8	① ② ③ ④ ⑤
9	① ② ③ ④ ⑤
10	① ② ③ ④ ⑤

設問	解 答 欄
11	① ② ③ ④ ⑤
12	① ② ③ ④ ⑤
13	① ② ③ ④ ⑤
14	① ② ③ ④ ⑤
15	① ② ③ ④ ⑤
16	① ② ③ ④ ⑤
17	① ② ③ ④ ⑤
18	① ② ③ ④ ⑤
19	① ② ③ ④ ⑤
20	① ② ③ ④ ⑤

※裏面 設問1（2）、（3）へ

設問2

設問	解 答 欄
21	① ②
22	① ②
23	① ②
24	① ②
25	① ②
26	① ②
27	① ②
28	① ②
29	① ②
30	① ②

設問1（2）

診療報酬明細書
（医科入院外）

令和　　年　　月分　省略　　省略

都道府県番号　医療機関コード

1 医科	1 社・国　3 後期　1 単　2 本外　8 高外一 2 公費　4 退職　2 3 併　4 6 六外　0 高外7 3 独　2 家外

保険者番号　　　　　給付割合　10 9 8 7（　）

被保険者証・被保険者手帳等の記号・番号　　　　　（枝番）

A

公費負担者番号①	－	公費負担医療の受給者番号①	－
公費負担者番号②		公費負担医療の受給者番号②	

氏名　　　　　1男 2女　1明 2大 3昭 4平 5令　・・生

特記事項　省略

保険医療機関の所在地及び名称　省略

職務上の事由　1 職務上　2 下船後3月以内　3 通勤災害

B

傷病名	(1) (2) (3) (4)

診療開始日	(1)　年　月　日 (2)　年　月　日 (3)　年　月　日 (4)　年　月　日	転帰	治ゆ　死亡　中止	診療実日数	保険 公費① 公費②	（　床） 日 日 日

C

⑪初診	時間外・休日・深夜		回		点
⑫ 再 診	再　　診	×		回	
	外来管理加算	×		回	
	時間外	×		回	
	休　日	×		回	
	深　夜	×		回	
⑬医学管理					

⑭ 在 宅	往　　診	回
	夜　　間	回
	深夜・緊急	回
	在宅患者訪問診療	回
	その他	
	薬剤	

D

⑳ 投 薬	㉑内服	薬剤	単位	
		調剤	11 ×	回
	㉒屯服	薬剤	単位	
	㉓外用	薬剤	単位	
		調剤	8 ×	回
	㉕処方		×	回
	㉖麻毒			回
	㉗調基			

㉚ 注射	㉛皮下筋肉内	回
	㉜静脈内	回
	㉝その他	回

㊵処置		回
	薬剤	

㊿手術麻酔		回
	薬剤	

⑽検査病理		回
	薬剤	

⑺画像診断		回
	薬剤	

⑻その他	処方箋	回
	薬剤	

療養の給付	保険	請求点	決定点	薬剤一部負担　円	一部負担金　円
	公費①				
	公費②				

設問1（3）

E	
F	
G	
H	判尿・判遺・判血・判生Ⅰ・判生Ⅱ・判免・判微・判組診・判細診・判病判・判呼・判脳1・判脳2・判神・判ラ
I	
J	

45

MEMO

MEMO

MEMO

医療秘書技能検定
実問題集3級②

本試験問題
解答・解説

■第67回〜第71回の検定試験に出題されたカルテの診療年月にかかわりなく、解説はすべて2024年6月1日現在の点数表と薬価基準により行われています。

第67回問題　解答・解説

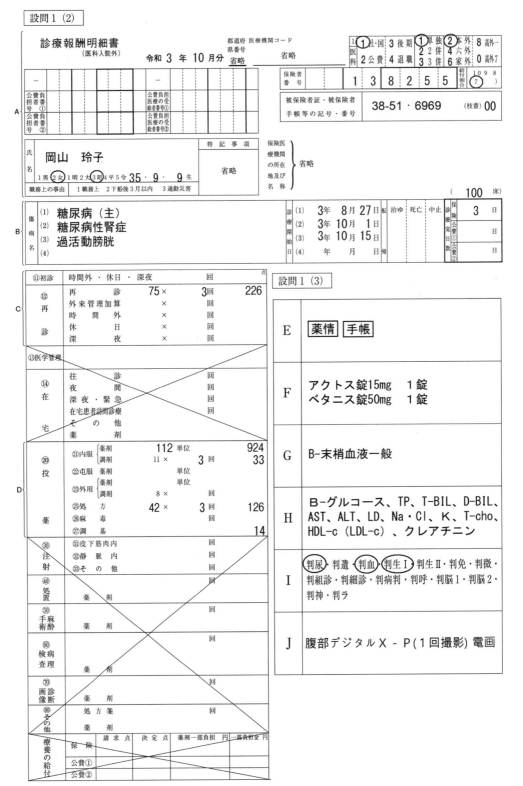

設問1（2）

診療報酬明細書
（医科入院外）

令和 3 年 10 月分

都道府県番号　医療機関コード　省略

1 医科	① 1 社・国　3 後期 2 公費　4 退職	① 1 単独　2 本外　8 高外一 2 2 併　4 六外　0 高外7 3 3 併　6 家外	

保険者番号　1 3 8 2 5 5　給付割合 10 9 8 (7)

被保険者証・被保険者手帳等の記号・番号　38-51・6969　（枝番）00

A

公費負担者番号①
公費負担者番号②
公費負担医療の受給者番号①
公費負担医療の受給者番号②

氏名　岡山　玲子
1男 ②女　1明 2大 ③昭 4平 5令　35・9・9 生
職務上の事由　1職務上　2下船後3月以内　3通勤災害

特記事項　省略
保険医療機関の所在地及び名称　省略

（ 100 床）

B

傷病名
(1) 糖尿病（主）
(2) 糖尿病性腎症
(3) 過活動膀胱
(4)

診療開始日
(1) 3年 8月 27日
(2) 3年 10月 1日
(3) 3年 10月 15日
(4) 　年　月　日

転帰　治ゆ 死亡 中止

保険 診療実日数 3 日
公費① 日
公費② 日

C

⑪初診	時間外・休日・深夜			回	点
⑫再診	再　診	75×	3回		226
	外来管理加算	×	回		
	時間外	×	回		
	休　日	×	回		
	深　夜	×	回		

⑬医学管理

⑭在宅
往　診　回
夜　間　回
深夜・緊急　回
在宅患者訪問診療　回
その他
薬剤

D

⑳投薬	㉑内服	薬剤	112 単位		924
		調剤	11×	3回	33
	㉒屯服	薬剤	単位		
	㉓外用	薬剤	単位		
		調剤	8×	回	
	㉕処方		42×	3回	126
	㉖麻毒			回	
	㉗調基				14

⑳注射
㉛皮下筋肉内　回
㉜静脈内　回
㉝その他　回

⑳処置　回
薬剤

⑳手術麻酔　回
薬剤

⑳検査病理　回
薬剤

⑳画像診断　回
薬剤

⑳その他
処方箋　回
薬剤

療養の給付
保険　請求点　決定点　薬剤一部負担 円　一部負担金 円
公費①
公費②

設問1（3）

E	薬情　手帳
F	アクトス錠15mg　1錠 ベタニス錠50mg　1錠
G	B-末梢血液一般
H	B-グルコース、TP、T-BIL、D-BIL、AST、ALT、LD、Na・Cl、K、T-cho、HDL-c（LDL-c）、クレアチニン
I	判尿・判遺・判血・判生Ⅰ・判生Ⅱ・判免・判微・判組診・判細診・判病判・判呼・判脳1・判脳2・判神・判ラ
J	腹部デジタルX-P(1回撮影) 電画

設問 1

＜解説＞

　許可病床 100 床の一般病院

　3 日間の診療

　国保の 61 歳の患者・レセプトの給付割合 7 に○

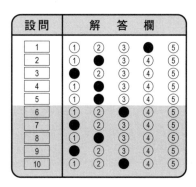

設問	解　答　欄				
1	①	②	③	●	⑤
2	①	●	③	④	⑤
3	●	②	③	④	⑤
4	①	●	③	④	⑤
5	①	●	③	④	⑤
6	①	②	●	④	⑤
7	●	②	③	④	⑤
8	①	●	③	④	⑤
9	●	②	③	④	⑤
10	①	②	●	④	⑤

【初・再診料】

　10/1　　内科を再診　再診料　75 点

　　　　　生活習慣病管理料を算定しているので外来管理加算

　　　　　は算定不可

　10/15　　再診料　内科　75 点

　10/29　　再診料　内科　75 点

【医学管理料】

　10/1　　薬剤情報提供料　4 点　（手帳に記載）＋3 点

　10/15　薬剤情報提供料　4 点　（手帳に記載）＋3 点

　薬情（手帳）⇒　問題 E 　　7 点⇒　問題 1 　×2　⇒問題 2

　10/29 は 10/15 と d o、同じ処方なので算定不可

　10/1　　生活習慣病管理料（Ⅱ）　333 点⇒　問題 3 　×1　⇒問題 4

【投薬料】

　院内処方

　10/1　　内服薬処方

　　メトグルコ錠 250 ㎎　3 錠　　分 3　毎食後　14 日分

　　メトグルコ錠 1 錠 10.10 円×3 ＝ 30.30 円→3 点

　　3 点　⇒問題 5 　×14TD

　　10/15、10/29 も同様の処方（14 日分と 28 日分）よって 14×2 ＋ 28　　3×56 ⇒問題 6

　　アクトス錠 15 ㎎ 1 錠　分 1　朝食後　14 日分

　　アクトス錠 15 ㎎ 1 錠　26.4 円→3 点

　　3 点　⇒問題 7 　×14　⇒問題 8

　10/15　　内服薬処方

　　内服薬　　　d o×14TD　　1 日の処方と同じ　×14TD

　　プラス　ベタニス錠 50 ㎎　1 錠　が処方される。

　　アクトス錠と、飲む時点、飲む回数が同じなので 1 剤となる。

　　アクトス錠 15 ㎎ 1 錠　26.4 円＋ベタニス錠 50 ㎎　1 錠　147 円 =173.4 円→ 17 点

　　⇒問題 9

　アクトス錠 15 ㎎ 1 錠ベタニス錠 50 ㎎ 1 錠　⇒　問題 F

　10/29　　内服薬処方

　　10/29 も 10/15 と同様の処方（28 日分）よって 14 ＋ 28 ＝ 42　⇒問題 10

投薬料欄

内服薬 112 単位　926 点

調剤料 11 点×3 回＝ 33 点

処方料 42 点×3 回　126 点

薬剤師常勤との記載あり

調剤技術基本料 14 点を算定する。

設問	解　答　欄				
11	①	●	③	④	⑤ ←削除
12	①	●	③	④	⑤
13	①	②	③	●	⑤
14	①	●	③	④	⑤
15	①	②	●	④	⑤
16	①	②	●	④	⑤
17	①	●	③	④	⑤
18	①	②	③	●	⑤
19	①	②	③	●	⑤
20	●	②	③	④	⑤

【検査】

10/1　検尿：U－検　D000 尿中一般物質定性半定量検査
　　　　 26 点　⇒問題 12

　　　検血：R、W、Hb、H t　D005 － 5　末梢血液一般検査　21 点

　　　　B－末梢血液一般　⇒問題 G

　　　グルコース、TP、T － BIL、D － BIL、AST、ALT、LD、NA・CL、K

　　　T － cho、HDL － c、LDL － c、クレアチニン

　　D007 血液学的検査の 10 項目以上を算定する。

　　　　グルコース、TP、T － BIL、D － BIL、AST、ALT、LD、NA・CL、K
　　　　T － cho、HDL － c、（LDL － c）、クレアチニン　⇒問題 H

　　10 項目以上なので　103 点　⇒問題 15

　　※ T － cho、HDL － c、LDL － c を併せて算定した場合、主たるもの 2 つの所定点数を算定
　　　する。とあるので、この場合、2 項目と数える。項目数での点数算定なのでどちらの 2 項目
　　　でも構わない。

　　静脈採血　D400 血液採取（1 日につき）　40 点　　略号　B － V

　　10/15 にも採血あり

　　B － V　40 点⇒問題 16　×2　⇒問題 17

10/15　検血：HbA1c　D005 － 9　HbA1c　49 点　⇒問題 14
　　　　　検尿：U －検・Sed（鏡検）　D000 尿中一般物質定性半定量検査　26 点

　　D002　尿沈渣（鏡検法）27 点　27 ＋ 26 ＝ 53 点　⇒問題 13

　　判断料は　尿・糞便等検査　血液学的検査、生化学的検査（Ⅰ）

　　34 点＋ 125 点＋ 144 点＝ 303 点

　　　判尿　判血　判生（Ⅰ）⇒　問題 I　　　303 点　⇒問題 18

【画像診断】

10/15　画像診断

　　腹部単純 X － P（電子画像管理）1 回撮影

　　診断料 85 点＋撮影料 68 点＋電子画像管理加算 57 点＝ 210 点

　　　腹部デジタル X － P1 回撮影　［電画］⇒　問題 J　　　210 点　⇒問題 19　×1　⇒問題 20

4

設問	解　答　欄
21	① ●
22	● ②
23	● ②
24	① ●
25	① ●
26	● ②
27	● ②
28	① ●
29	● ②
30	① ●

設問 2

21　(誤) A001 再診料　注 11 明細書発行体制等加算において、(事務連絡)　問　明細書が不要である旨申し出た患者に対しても明細書発行体制等加算を算定して良いか　答　算定可 (保医発通知) とある。従って誤りである。

22　(正) 第 2 章　特掲診療料の通則より、喘息治療管理料と特定疾患療養管理料は同一月算定不可の管理料にはあらず (保医発通知)。従って正しい。

23　(正) F100 処方料の特定疾患処方管理加算において (事務連絡)　特定疾患を主病とする患者であれば、特定疾患に対する投薬でなくても算定可、又外用薬でも算定できる。(保医発通知) とある。従って正しい。

24　(誤) 注射 G100 薬剤より、薬剤が 1 回分使用量につき 15 円以下である場合、1 点としている。従って誤りである。

25　(誤) J001 熱傷処置の (3) 注 4 において、3000 cm^2 については、6 歳未満の乳幼児の場合、乳幼児加算として、55 点を加算するとあるが、問題は 6 歳の患者とあり、6 歳未満には該当しないので、504 点となる。従って誤りである。

26　(正) J097 鼻処置において、副鼻腔洗浄に伴う単なる鼻処置は、副鼻腔洗浄又は吸引の所定点数に含まれ別に算定できない。(保医発通知) とある。従って正しい。

27　(正) 検査の通則より、基本診療料に含まれる検査として (42) β - リポ蛋白 (保医発通知) とある。従って正しい。

28　(誤) D288 糖負荷試験　2 耐糖能精密検査において、原則として、「糖尿病疑い」の初診月耐糖能精密検査 (糖負荷試験) は認められる。(保医発通知) とある。従って誤りである。

29　(正) 保険医療機関及び保険医療養担当規則第 9 条より、保険医療機関は、療養の給付の担当に関する帳簿及び書類その他の記録をその完結の日から 3 年間保存しなければならない。ただし、患者の診療録にあっては、その完結の日から 5 年間とする。とある。従って正しい。

30　(誤) 画像診断の通則により、画像診断に当たって通常使用される患者の衣類の費用は画像診断の費用に含まれる。(保医発通知) とある。従って誤りである。

第68回問題　解答・解説

設問1 (2)

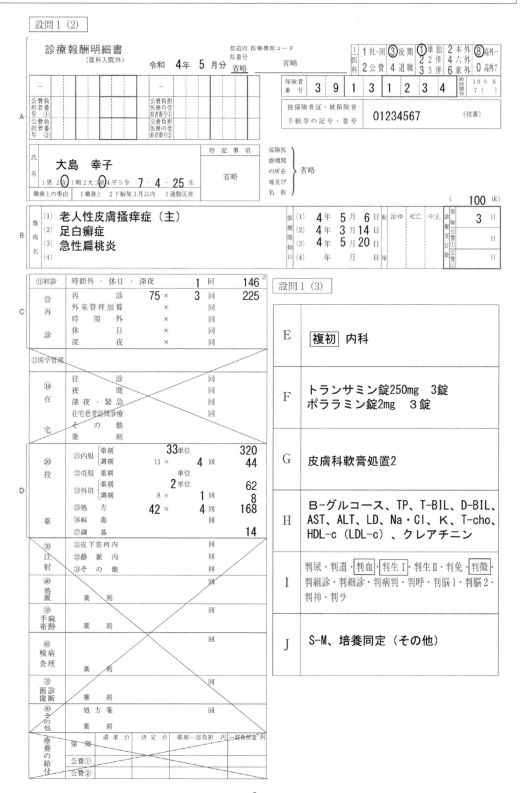

診療報酬明細書（医科入院外）　令和 4 年 5 月分

都道府県番号 省略　医療機関コード 省略

1 医科　1 社・国　③後期　①単独　2 本外　⑧高外一
2 公費　4 退職　2 2 併　4 六外　0 高外7
　　　　　　　　 3 3 併　6 家外

保険者番号　3 9 1 3 1 2 3 4　給付割合 10 9 8 7 ( )

被保険者証・被保険者手帳等の記号・番号　01234567　(枝番)

氏名　大島　幸子　1男 ②女　1明2大③昭4平5令　7・4・25 生

特記事項　省略

保険医療機関の所在地及び名称　省略

(100 床)

B 傷病名
(1) 老人性皮膚掻痒症（主）
(2) 足白癬症
(3) 急性扁桃炎
(4)

診療開始日
(1) 4 年 5 月 6 日
(2) 4 年 3 月 14 日
(3) 4 年 5 月 20 日
(4) 　年　月　日

転帰 治ゆ 死亡 中止

診療実日数　保険 3 日　公費① 日　公費② 日

C	⑪初診	時間外・休日・深夜		1 回	146 点
	⑫再診	再　診	75 ×	3 回	225
		外来管理加算	×	回	
		時　間　外	×	回	
		休　日	×	回	
		深　夜	×	回	
	⑬医学管理				
	⑭在宅	往　診		回	
		夜　間		回	
		深夜・緊急		回	
		在宅患者訪問診療		回	
		その他			
		薬剤			
D	⑳投薬	㉑内服 薬剤	33単位		320
		㉑内服 調剤	11 ×	4 回	44
		㉒屯服 薬剤		単位	
		㉓外用 薬剤	2単位		62
		㉓外用 調剤	8 ×	1 回	8
		㉕処方	42 ×	4 回	168
		㉖麻毒			
		㉗調基			14
	㉚注射	㉛皮下筋肉内		回	
		㉜静脈内		回	
		㉝その他		回	
	㊵処置			回	
		薬剤			
	㊿手術麻酔			回	
		薬剤			
	⑥検査病理			回	
		薬剤			
	⑦画像診断			回	
		薬剤			
	⑧その他	処方箋		回	
		薬剤			
	療養の給付	保険	請求点 決定点 薬剤一部負担 円 一部負担金 円		
		公費①			
		公費②			

設問1 (3)

E	複初 内科
F	トランサミン錠250mg　3錠 ポララミン錠2mg　3錠
G	皮膚科軟膏処置2
H	B-グルコース、TP、T-BIL、D-BIL、AST、ALT、LD、Na・Cl、K、T-cho、HDL-c（LDL-c）、クレアチニン
I	判尿・判遺・判血・判生Ⅰ・判生Ⅱ・判免・判微・判組診・判細診・判病判・判呼・判脳1・判脳2・判神・判ラ
J	S-M、培養同定（その他）

設問	解　答　欄				
1	①	②	③	●	⑤
2	①	●	③	④	⑤
3	①	●	③	④	⑤
4	①	②	③	●	⑤
5	●	②	③	④	⑤
6	●	②	③	④	⑤
7	①	●	③	④	⑤
8	●	②	③	④	⑤
9	①	●	③	④	⑤
10	①	②	●	④	⑤

設問 1

＜解説＞

許可病床 100 床の一般病院

3 日間の診療

90 歳の後期高齢者の患者・レセプトの保険種別は　4 後期・1 単独・8 高外一　に○

【初・再診料】

5/6　皮膚科を再診　再診料　75 点　処置を行っているので外来管理加算算定不可

5/13 皮膚科を再診　再診料　75 点　処置を行っているので外来管理加算算定不可

5/20 皮膚科を再診　再診料　75 点　処置を行っているので外来管理加算算定不可

　　　　同日に内科を急性扁桃炎で受診　初診である

　　　　同一日複数科受診時の初診料（注 5）を算定

　　　複初　（内科）⇒問題 E　　146 点

【医学管理料】

5/6　薬剤情報提供料　4 点　（手帳に記載）＋ 3 点

5/13 薬剤情報提供している①の処方が前回と全く同じ処方なので算定不可

5/20 皮膚科の処方は同じ処方であるが、内科で処方があり、薬剤情報提供しているので

薬剤情報提供料　4 点　（手帳に記載）＋ 3 点

　　　　7 点⇒　問題 1　×　2　⇒問題 2

【投薬料】

　　院内処方である。

5/6　皮膚科内服薬処方①分 3　毎食後 7 日分

　　トランサミン錠 250 ㎎　3 錠　　1 錠 10.1 円× 3 ＝ 30.3 円

　　ポララミン錠 2 ㎎　3 錠　　　1 錠 5.7 円× 3 ＝ 17.1 円→ 3 点

　　30.3 ＋ 17.1 ＝ 47.4 円→ 5 点　⇒問題 3

　　トランサミン錠 250 ㎎　3 錠　　ポララミン錠 2 ㎎　3 錠　⇒問題 F

　5/13、5/20 も同様の処方（7 日分、14 日分）よって 7 ＋ 7 ＋ 14=28　　5 × 28　⇒問題 4

　　　外用薬処方

　　ヒルドイドソフト軟膏 0.3%　25g（1g ＝ 18.5 円）18.5 × 25 ＝ 462.5 円→ 46 点　⇒問題 7

　　マイコスポールクリーム 1%　10g（1g ＝ 16.3 円）163 円→ 16 点　⇒問題 8

5/13 皮膚科内服薬処方　①do

5/20 皮膚科内服薬処方　①do

　　　内科　内服薬処方②

　ケフラール250㎎　3C（1C＝54.7円）

　ロキソニン60㎎　3錠（1錠＝11.0円）　分3毎食後5TD

　54.7×6＋10.1×3＝358.5円→36点　⇒問題5　×5　⇒問題6

投薬料欄

　内服薬33単位　320点

　調剤料11点×4回＝44点

　外用薬　2単位　62点

　調剤料8点×1回＝8点

　処方料　42点×4回　168点

　薬剤師常勤との記載あり

　調剤技術基本料14点を算定する。

　※処方料は複数の診療科を有する保険医療機関で異なる医
　　師が処方を行った場合はそれぞれの処方につき処方料を
　　算定する。

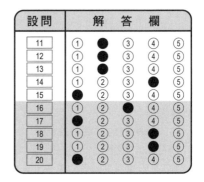

設　問	解　　答　　欄				
11	①	●	③	④	⑤
12	①	●	③	④	⑤
13	①	●	③	④	⑤
14	①	②	③	●	⑤
15	●	②	③	④	⑤
16	①	②	●	④	⑤
17	●	②	③	④	⑤
18	①	②	③	●	⑤
19	①	②	③	●	⑤
20	●	②	③	④	⑤

【処置】

5/6　J053-2 皮膚科軟膏処置（1,600㎠）

　　　処置に使用した薬剤　　　ヒルドイドソフト軟膏0.3%　3g

　　　　　　　　　　　　　　レスタミンコーワクリーム1%　3g

　皮膚科軟膏処置　2　⇒問題G　　　85点　⇒問題9

13日、処置do　20日も処置J053-2（1,200㎠）であるので　85×3　⇒問題10

ヒルドイドソフト軟膏0.3%　2g　1g＝18.5円×3＝55.5円

レスタミンコーワクリーム1%　3g　1g＝2.32円×3＝6.96円

55.5＋6.96＝62.46円　→6点　⇒問題11　　6日と13日なので×2　⇒問題12

20日の処置の薬剤はそれぞれ2gなので　18.5×2＋2.32×2＝41.64円　→4点　⇒問題13

※処置に使用した薬剤は1日分を合計して算定する。

【画像診断】

5/6　皮膚科で足部の細菌検査を実施

　　　D018-5 細菌培養同定検査（足部皮膚）　180点

　　　D017-3 排泄物進出物又は分泌物の細菌顕微鏡検査（その他）67点

　　　180＋67＝247点　　　247点⇒問題19　　×1　⇒問題20

　　　略号を使って、S—培養同定（その他）、M（その他）⇒問題J

5/20 内科で血液検査

　　　検血：R、W、Hb、Ht　D005-5 末梢血液一般検査　21点

　　　B-末梢血液一般　21点　⇒問題14　　×1　⇒問題15

　グルコース、TP、T-BIL、D-BIL、AST、ALT、LD、NA・CL、K

　T-cho、HDL-c、LDL-c、クレアチニン

　D007 血液学的検査の10項目以上を算定する。

　B-グルコース、TP、T-BIL、D-BIL、AST、ALT、LD、NA・CL

　K、T-cho、HDL-c、（LDL-c）、クレアチニン　⇒問題H

10項目以上なので　103点

※T-cho、HDL-c、LDL-cを併せて算定した場合、主たるもの2つの所定点数を算定する。とあ

8

るので、この場合、2項目と数える。項目数での点数算定なのでどちらの2項目でも構わない。

静脈採血　D400 血液採取（1日につき）　1 静脈　40点

　略号 B-V　　　B-V　40点　⇒問題16　×1　⇒問題17

判断料は　　血液学的検査、生化学的検査（I）、微生物学的検査

125点＋144点＋150点＝419点

| 判血　判生（I）判微　⇒問題I |

419点　⇒問題18

設 問	解　答　欄
21	① ●
22	① ●
23	① ●
24	● ②
25	① ●
26	① ●
27	① ●
28	● ②
29	● ②
30	● ②

設問 2

21　（誤）A002 外来診療料　注6 包括される処置において、外来診療料には、包括されている処置項目に係る薬剤料及び特定保険医療材料料は含まれず処置の部の薬剤料及び特定保険医療材料料の定めるところにより別に算定できる。（保医発通知）とある。従って誤りである。

22　（誤）B001-2-5 院内トリアージ実施料において、トリアージの結果、優先度が低く、結果的に長時間待った患者にも院内トリアージ実施料を算定できる。ただし院内トリアージを行う際には十分にその趣旨を説明すること。（事務連絡）とある。従って誤りである。

23　（誤）診療報酬の算定方法　領収証・明細書の交付　3 より、レセプト電子請求が義務付けられた保険医療機関（正当な理由を有する診療所を除く）及び保険薬局については、領収証を交付するに当たっては、明細書を無償で交付しなければならない。とある。従って誤りである。

24　（正）G005-2 中心静脈用カテーテル挿入より、注3 の静脈切開法加算は3歳未満の短腸症候群の患者に対して行った場合は算定できる。（別表9の2の2 中心静脈用カテーテル挿入の注3 に規定する患者）。従って正しい。

25　（誤）D005-14 骨髄像検査について、D026 検体検査判断料の注8 に、骨髄像を行った場合に、血液疾患に関する専門の知識を有する医師が、その結果を文書により報告した場合は骨髄像診断加算を所定点数に加算する。とある。従って誤りである。

26　（誤）手術の通則1 より、手術料（輸血料を除く）は、特別の理由がある場合を除き、入院中の患者及び入院中の患者以外に関わらず、同種の手術が同一日に2回以上実施される場合には、主たる手術の所定点数のみにより、算定する。（保医発通知）とある。従って誤りである。

27　（誤）処置の通則1 より、処置の費用は第一部の各区分の所定点数により算定する。この場合において、処置に当たって通常使用される保険医療材料の費用は第一部の各区分の所定点数に含まれるものとする。とある。従って誤りである。

28　（正）D220 呼吸心拍監視、新生児心拍・呼吸監視、カルジオスコープ、カルジオタコスコープの注3 より、人工呼吸と同時に行った呼吸心拍監視の費用は人工呼吸の所定点数に含まれるものとする。とある。従って正しい。

29　（正）告示I 材料価格規準 102 真皮欠損用クラフトより、真皮欠損用クラフトは、1局所に2回を限度として算定する。とある。従って正しい。

30　（正）J119-2 腰部又は胸部固定帯固定において、頸部固定帯を使用した場合は、腰部又は胸部固定帯固定にて算定する。（事務連絡）とある。従って正しい。

第69回問題　解答・解説

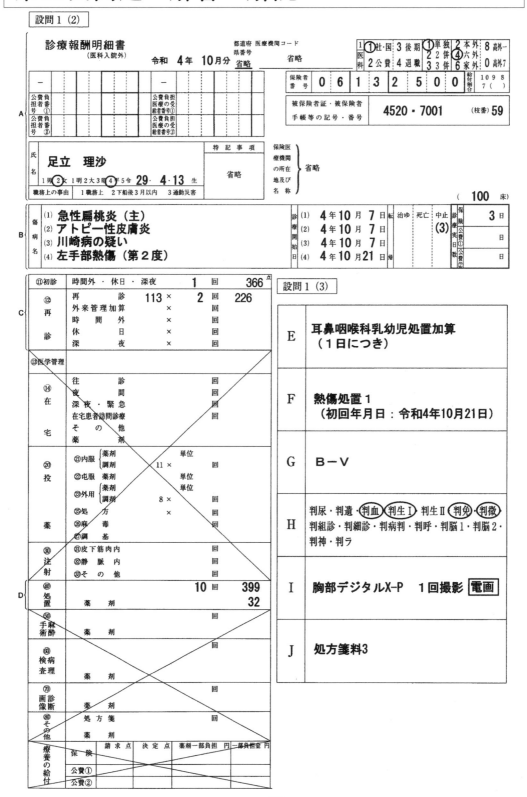

診療報酬明細書
（医科入院外）

令和 4 年 10月分

都道府県番号　医療機関コード　省略

省略

	①社・国	3 後期		①単独	2 本外	8 高外一
1 医科	2 公費	4 退職	2 2 併	④六外	0 高外7
	2 3		3	6 家外	

保険者番号　0 6 1 3 2 5 0 0　給付割合 10 9 8 7 ( )

被保険者証・被保険者手帳等の記号・番号　4520・7001　（枝番）59

氏名　足立　理沙
1男 ②女　1明 2大 3昭 ④平 5令　29・4・13 生

特記事項　省略

保険医療機関の所在地及び名称　省略

職務上の事由　1 職務上　2 下船後3月以内　3 通勤災害

(100 床)

| 傷病名 | (1) 急性扁桃炎（主）
(2) アトピー性皮膚炎
(3) 川崎病の疑い
(4) 左手部熱傷（第2度） | 診療開始日 | (1) 4 年 10 月 7 日
(2) 4 年 10 月 7 日
(3) 4 年 10 月 7 日
(4) 4 年 10 月 21 日 | 転帰 | 治ゆ　死亡　中止 (3) | 診療実日数 | 保険 3 日
公費①　日
公費②　日 |

⑪初診	時間外・休日・深夜		1 回	366 点
⑫再診	再　診	113 ×	2 回	226
	外来管理加算	×	回	
	時間外	×	回	
	休　日	×	回	
	深　夜	×	回	
⑬医学管理				
⑭在宅	往　診		回	
	夜　間		回	
	深夜・緊急		回	
	在宅患者訪問診療		回	
	その他			
	薬　剤			
⑳投薬	㉑内服 薬剤	11 ×	単位	
	調剤		回	
	㉒屯服 薬剤		単位	
	㉓外用 薬剤		単位	
	調剤	8 ×	回	
	㉕処方	×	回	
	㉖麻毒			
	㉗調基			
㉚注射	㉛皮下筋肉内		回	
	㉜静脈内		回	
	㉝その他		回	
⑳処置			10 回	399
	薬　剤			32
⑳手術麻酔			回	
	薬　剤			
⑳検査病理			回	
	薬　剤			
⑳画像診断			回	
	薬　剤			
⑳その他	処方箋		回	
	薬　剤			
療養の給付	保険	請求点	決定点	薬剤一部負担 円 一部負担金 円
	公費①			
	公費②			

E	耳鼻咽喉科乳幼児処置加算 （1日につき）
F	熱傷処置1 （初回年月日：令和4年10月21日）
G	B－V
H	判尿・判遺・⟨判血⟩・⟨判生Ⅰ⟩・判生Ⅱ・⟨判免⟩・⟨判微⟩ 判組診・判細診・判病判・判呼・判脳1・判脳2・ 判神・判ラ
I	胸部デジタルX-P　1回撮影　⟨電画⟩
J	処方箋料3

設問	解答欄				
1	①	②	③	●	⑤
2	①	②	●	④	⑤
3	①	●	③	④	⑤
4	①	●	③	④	⑤
5	①	●	③	④	⑤
6	●	②	③	④	⑤
7	●	②	③	④	⑤
8	●	②	③	④	⑤
9	①	②	●	④	⑤
10	●	②	③	④	⑤

設問1

＜解説＞

　許可病床100床の一般病院

　3日間の診療

　患者は5歳　負担割合は2割

　レセプトの保険種別は　1社・国　1単独　　4六外　に○

【初診料】

●10月7日

　耳鼻咽喉科を受診　初診である

　初診料291点＋乳幼児加算75点＝366点を算定

【再診料】

●10月14日

　耳鼻咽喉科を再診　再診料　75点＋乳幼児加算38点＝113点を算定

　処置を行っているので外来管理加算算定不可

●10月21日

　耳鼻咽喉科を再診　再診料　75点＋乳幼児加算38点＝113点を算定

　処置を行っているので外来管理加算算定不可

⑪初診　1回	366点
⑫再診　113点×　2回　226点	⇒問題C

【投薬料】

●10月7日

　院外処方箋を交付している。薬剤料は算定せず、処方箋料のみの算定。

　レセプトは⑧に記載する。

●10月14日

　院外処方箋を交付している。薬剤料は算定せず、処方箋料のみの算定。

　レセプトは⑧に記載する。

●10月21日

　院外処方箋を交付している。薬剤料は算定せず、処方箋料のみの算定。

　レセプトは⑧に記載する。

　⑧　　処方箋料3　＝問題J　　＝60点　⇒問題19　×3　⇒問題20

【処置】
● 10月7日

J098 口腔・咽頭処置　16点　⇒<u>問題1</u>　×3　⇒<u>問題2</u>　14日、21日と3日間行われた

J114 ネブライザ　12点　⇒<u>問題3</u>

ネブライザに使用した薬剤　ビソルボン吸入液0.2%　3ml

生理食塩液　5ml　1A

ビソルボン吸入液0.2%　3ml　1ml＝11.1円×3＝33.3円

生理食塩液　5ml　1A　1A＝62円　　　33.3＋62＝95.3円　→10点　⇒<u>問題6</u>　×3

処置の通則7により、耳鼻咽喉科を標榜する保険医療機関において、耳鼻咽喉科を担当する医師が、6歳未満の乳幼児に対して、区分番号 J095 から J115-2 までに掲げる処置を行った場合は耳鼻咽喉科処置加算として、1日につき60点を所定点数に加算する。

耳鼻咽喉科乳幼児処置加算　（1日につき）　⇒<u>問題E</u>　　60点　⇒<u>問題4</u>

7日、14日、21日と行っているので　×3

● 10月21日

J001 熱傷処置 (90㎠)　第2度の熱傷で　100㎠未満なので　熱傷処置1　を算定する。

熱傷処置1（初回年月日令和4年10月21日）　問題F＝135点　⇒<u>問題5</u>　×1

熱傷処置は初回の処置を行った年月日を記載する。（診療報酬請求書・明細書の記載要領）

熱傷処置に使った薬剤　ヒルドイドソフト軟膏0.3%　1g

1g＝18.5円→　2点⇒<u>問題7</u>　×1　⇒<u>問題8</u>

処置の薬剤合計は 10点×3日＝30点＋2点＝32点

㊵処置欄は　10回　399点　薬剤　32点　⇒<u>問題D</u>

【検査】
● 10月7日

検査：R、W、Ht、Hb　は D005－5　末梢血液一般検査　21点　⇒<u>問題9</u>　×1　⇒<u>問題10</u>

TP、T－BIL、D－BIL、AST、ALT、LD、NA・CL、K、BUN、蛋白分画

D007 血液学的検査の 10項目以上を算定する　103点　⇒<u>問題11</u>

血液検査なので採血料を算定する。

D400 静脈採血（B－V）　6歳未満なので乳幼児加算を算定する。

B－V　40点＋乳幼児加算35点　＝75点　⇒<u>問題12</u>

B－V　⇒<u>問題G</u>	21日にも採血検査を行っているので　×2　⇒<u>問題13</u>

● 10月21日

排泄物、進出物又は分泌物の細菌顕微鏡検査（その他）を行っている。

D017－3 排泄物進出物又は分泌物の細菌顕微鏡検査　3 その他のもの

略号で、S—M（その他）　67点　⇒<u>問題14</u>

C反応性蛋白　　D015－1C反応性蛋白　略号 CRP を算定

16点　⇒<u>問題15</u>　×1　⇒<u>問題16</u>

判断料は　血液学的検査、生化学的検査（Ⅰ）、微生物学的検査

125点＋144点＋144点＋150点＝563点

判血　　判生（Ⅰ）　判免　判微　⇒<u>問題H</u>　　563点　⇒<u>問題17</u>

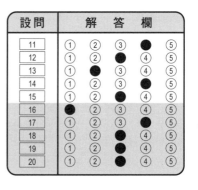

設問	解　答　欄
11	① ② ③ ● ⑤
12	① ② ● ④ ⑤
13	① ● ③ ④ ⑤
14	① ② ③ ● ⑤
15	① ② ● ④ ⑤
16	● ② ③ ④ ⑤
17	① ② ③ ● ⑤
18	① ② ● ④ ⑤
19	① ② ● ④ ⑤
20	① ② ● ④ ⑤

【画像診断】

● 10 月 7 日

胸部 X－P（四×1）電子画像管理

画像は全てデジタル撮影で電子画像に保存している、とあるので

胸部デジタル X－P　1 回撮影　電画　⇒問題Ⅰ

患者が 5 歳なので、撮影料には幼児加算が算定される。

診断料 85 点＋撮影料（68 点×幼児加算 1.3）＋電子画像管理加算 57 点

　　85＋88＋57＝230 点　⇒問題 18　×1

設問	解　答　欄	
21	●	②
22	①	●
23	①	●
24	●	②
25	①	●
26	●	②
27	●	②
28	●	②
29	●	②
30	①	●

設問 2

21 （正）B012 傷病手当金意見書交付料より　診療時間外・時間内に傷病手当意見書交付料のみを交付した場合、診療時間内・外にかかわらず再診料はとれない。交付料のみ算定することになる。（参考）とある。従って正しい。

22 （誤）B001・8 皮膚科特定疾患指導管理料において、全身性エリテマトーデスは、皮膚科特定疾患指導管理料（Ⅰ）の対象疾患であるエリテマトーデス〈紅斑性狼瘡〉には該当しないとある。（告示 4・別表第 2）従って誤りである。

23 （誤）F500 調剤技術基本料において、同一医療機関において同一月内に処方箋の交付がある場合は、調剤技術基本料は算定できない。（保医発通知）とある。従って誤りである。

24 （正）注射の通則より、人工腎臓の回路より注射を行った場合は当該注射に係る費用は算定できない。（保医発通知）とある。従って正しい。

25 （誤）注射の通則より、G004 点滴注射、G005 中心静脈注射及び G006 埋込型カテーテルによる中心静脈注射のうち 2 以上を同一日に併せて行った場合は、主たるものの所定点数のみ算定する。（保医発通知）とある。従って誤りである。

26 （正）J000 創傷処置より、関節捻挫に対し副木固定のみを行った場合は創傷処置により算定し、副木は特定医療材料の項による。（保医発通知）とある。従って正しい。

27 （正）D215 超音波検査 2 断層撮影法ロその他の場合には、体表が含まれるが、体表には肛門、甲状腺、乳腺、表在リンパ節等を含む。（保医発通知）とある。従って正しい。

28 （正）内視鏡検査の通則より、内視鏡検査当日に、検査に関連して行う第 6 部第 1 節第 1 款の注射実施料は別に算定できない。（保医発通知）とある。従って正しい。

29 （正）E003 造影剤注入手技により、注腸を実施する際の前処置として行った高位浣腸の処置料は所定点数に含まれ、別途算定できない。（保医発通知）とある。従って正しい。

30 （誤）診療報酬請求書・明細書の記載要領の「診療実日数」欄について、により同一日に初診、再診（電話等再診）が 2 回以上行われた場合の実日数は、1 日として数える。（保医発通知）とある。従って誤りである。

第70回問題　解答・解説

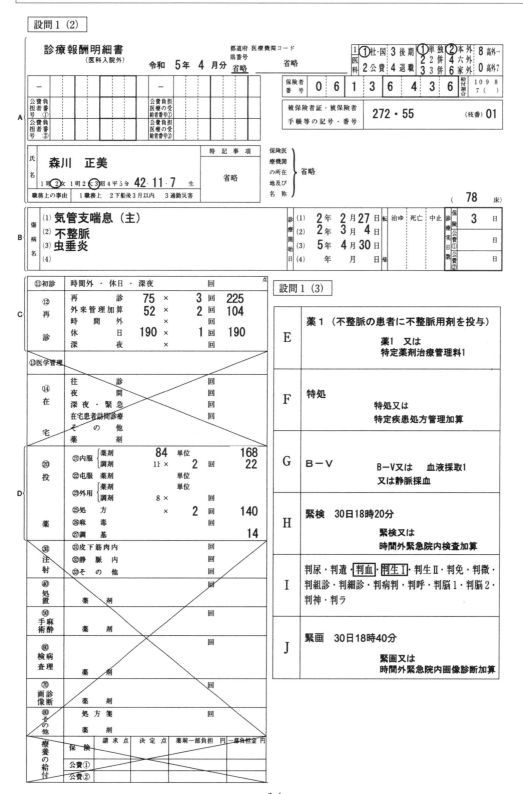

設問１（２）

診療報酬明細書（医科入院外）　令和 5年 4 月分

都道府県番号	医療機関コード		
省略	省略		

1 医科	①社・国　2 公費	3 後期　4 退職	①単独　2 2併　3 3併	②本外　4 六外　6 家外　8 高外一　0 高外7

保険者番号	0 6 1 3 6 4 3 6	給付割合 10 9 8 7 ( )
被保険者証・被保険者手帳等の記号・番号	272・55	(枝番) 01

公費負担者番号①		公費負担医療の受給者番号①	
公費負担者番号②		公費負担医療の受給者番号②	

氏名	森川　正美	特記事項：省略
	1男 ②女　1明 2大 ③昭 4平 5令　42・11・7 生	
職務上の事由	1 職務上　2 下船後3月以内　3 通勤災害	

保険医療機関の所在地及び名称　省略

（ 78 床）

傷病名	診療開始日	転帰	診療実日数
(1) 気管支喘息（主）	(1) 2年 2月 27日	治ゆ　死亡　中止	保険 3 日
(2) 不整脈	(2) 2年 3月 4日		公費① 日
(3) 虫垂炎	(3) 5年 4月 30日		公費② 日
(4)	(4) 年 月 日		

区分	項目	点数		回数	点
⑪初診	時間外・休日・深夜			回	
⑫再診	再診	75	×	3 回	225
	外来管理加算	52	×	2 回	104
	時間外		×	回	
	休日	190	×	1 回	190
	深夜		×	回	
⑬医学管理					
⑭在宅	往診			回	
	夜間			回	
	深夜・緊急			回	
	在宅患者訪問診療			回	
	その他				
	薬剤				
⑳投薬	㉑内服 薬剤	84	単位		168
	㉑内服 調剤	11	×	2 回	22
	㉒屯服 薬剤		単位		
	㉓外用 薬剤		単位		
	㉓外用 調剤	8	×	回	
	㉕処方		×	2 回	140
	㉖麻毒			回	
	㉗調基				14
㉚注射	㉛皮下筋肉内			回	
	㉜静脈内			回	
	㉝その他			回	
㊵処置	薬剤			回	
(50)手術麻酔	薬剤			回	
(60)検査病理	薬剤			回	
(70)画像診断	薬剤			回	
(80)その他	処方箋			回	
	薬剤				

療養の給付	請求点	決定点	薬剤一部負担 円	一部負担金 円
保険				
公費①				
公費②				

設問１（３）

E	薬１（不整脈の患者に不整脈用剤を投与） 薬1　又は 特定薬剤治療管理料1
F	特処 特処又は 特定疾患処方管理加算
G	Ｂ－Ｖ B－V又は　血液採取1 又は静脈採血
H	緊検　30日18時20分 緊検又は 時間外緊急院内検査加算
I	判尿・判遺・**判血**・**判生Ⅰ**・判生Ⅱ・判免・判微・判組診・判細診・判病判・判呼・判脳１・判脳２・判神・判ラ
J	緊画　30日18時40分 緊画又は 時間外緊急院内画像診断加算

設問	解　答　欄
1	① ● ③ ④ ⑤
2	① ● ③ ④ ⑤
3	① ② ● ④ ⑤
4	① ② ③ ● ⑤
5	① ② ③ ● ⑤
6	● ② ③ ④ ⑤
7	● ② ③ ④ ⑤
8	① ② ● ④ ⑤
9	① ● ③ ④ ⑤
10	① ② ● ④ ⑤

設問 1

＜解説＞

　許可病床 78 床の一般病院

　3 日間の診療

　レセプトの保険種別は　1 社・国　1 単独　2 本外　に○

【再診料】

　●4 月 3 日

　　内科を再診　再診料　75 点　処置を行っているので外来管理加算算定不可

　●4 月 17 日

　　内科を再診　再診料　75 点＋外来管理加算 52 点

　●4 月 30 日

　　日曜日の休診日に内科を緊急受診　再診料　75 点＋休日加算 190 点＋外来管理加算 52 点

　　診察料欄

⑫ 再　　　診	75 点×3 回	225 点
外来管理加算	52 点×2 回	104 点
休　　　日	190 点×1 回	190 点

⇒ 問題 C

【医学管理等】

　●4 月 3 日

　　特定疾患療養管理料　略号　特（100 床未満）147 点　⇒問題 1

　　喘息治療管理料 1　略号　喘息 1　25 点　⇒問題 2

　　特定薬剤治療管理料 1　略号　薬 1（気管支喘息の患者にテオフィリン製剤を投与）235 点

　　　⇒問題 3

　　特定薬剤治療管理料 1（不整脈の患者に不整脈用剤を投与）⇒問題 E　235 点

　　　⇒問題 4

　　薬剤情報提供料 4 点＋手帳記載加算 3 点　略号　薬情　手帳　7 点　⇒問題 5　×1

　　　⇒問題 6

　　17 日の投薬は 3 日と同じ処方（do）なので薬剤情報提供料は算定できない。

●4月17日

特定疾患療養管理料　147点（100床未満）

【投薬料】

●4月3日（14日分）

院内処方　内服薬

① テオドール錠200mg　2錠　1錠10.4×2＝20.8→2点　⇒<u>問題7</u>　×14

② ワソラン錠40mg　3錠　1錠7.2×3＝21.6→2点　⇒<u>問題9</u>　×14

●4月17日（28日分）

院内処方　内服薬

① ②doとあるので14日と同じ処方であり投与日数のみ異なる28日分

よって内服は　2×42　⇒<u>問題8</u>　2×42　⇒<u>問題8</u>

特定疾患処方管理加算（28日以上投与）　[特処　⇒問題F]　56点　⇒<u>問題10</u>　×1

　⇒<u>問題11</u>

処方料は42点×2＋56＝140点

薬剤師常勤なので調剤技術基本料14点を算定

投薬料欄

内服薬　　　　　　　　84単位　168点

内服調剤料　　　　11点×2回22点

処方料　　　　　　　　×2回140点

調剤技術基本料　　　　　14点　　　　⇒[問題D]

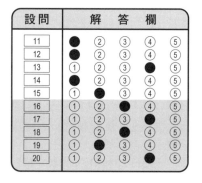

設問	解　答　欄				
11	●	②	③	④	⑤
12	●	②	③	④	⑤
13	①	②	③	●	⑤
14	●	②	③	④	⑤
15	①	●	③	④	⑤
16	①	②	●	④	⑤
17	①	②	③	●	⑤
18	①	②	●	④	⑤
19	①	●	③	④	⑤
20	①	②	③	●	⑤

【処置料】

●4月3日

ネブライザを行う　J114ネブライザ　　12点　⇒<u>問題12</u>

使用した薬剤　ビソルボン吸入液2ml（1ml＝11.1円）　アスプール液0.5％ 2ml（1ml＝17.4円）

11.1×2＝22.2円　　17.4×2＝34.8　22.2＋34.8＝57円→6点

[ビソルボン吸入液2ml、アスプール液0.5％ 2ml　⇒問題F]　6点　⇒<u>問題13</u>

【検査】

●4月3日

検査：R、W、Ht、Hb　はD005－5　末梢血液一般検査　21点×1

ＴＰ、ナトリウム・クロール、AST、ALT、ALP、T－BII、K　は生化学的検査　D007血液学的検査の包括項目

7項目なので93点　⇒<u>問題14</u>

血液検査を行っているので、静脈採血であるが、静脈採血は同日に行った特定薬剤治療管理料に採血料が含まれているので算定できない。

● 4 月 30 日

日曜の休診日に緊急に検体検査

時間外緊急院内検体検査加算を算定　　緊検　30 日　18 時 20 分　⇒問題 H　200 点

末梢血液一般検査、像（自動機械法）D005 末梢血液像（自動機械法）は 15 点

末梢血液一般　21 点＋　血液像（自動機械法）15 点　＝ 36 点× 1

ＴＰ、ナトリウム・クロール、AST、ALT、ＬＤ、T‐BII、ALP、K、BUN　9 項目

D007 血液学的検査の 9 項目を算定する　　　99 点　⇒問題 15

血液検査なので採血料を算定する。

D400 静脈採血（B － V）　40 点　⇒問題 16

B － V　⇒問題 G　　40 点　× 1　⇒問題 17

※患者にすべての検査結果を文書で説明しているが、外来迅速検査加算は時間外緊急院内検
　　体検査加算と併算定不可

判断料は　　血液学的検査、生化学的検査（Ｉ）

　　125 点＋ 144 点＝ 269 点

判血　判生（Ｉ）　⇒問題 I　　269 点　⇒問題 18

【画像診断】

● 4 月 30 日

日曜の休診日に緊急に画像診断

時間外緊急院内画像診断加算を算定　　緊画　30 日　18 時 40 分　⇒問題 J　110 点
　　⇒問題 19

胸部 X － P　デジタル撮影 1 回　電画

　診断料 85 点＋撮影料 68 点＋電子画像管理加算 57 点

　85 ＋ 68 ＋ 57 ＝ 210 点　⇒問題 20　× 1

画像診断管理加算 1 の届け出があり、放射線科医の読影文書の記載があるので

画像診断管理加算 1　略号　写画 1　を算定する。70 × 1

設 問	解　答　欄	
21	①	●
22	①	●
23	①	●
24	●	②
25	●	②
26	●	②
27	●	②
28	①	●
29	●	②
30	●	②

設問 2

21　（誤）A012 再診料の注 4 より　6 歳未満の乳幼児は時間内再診の場合は乳幼児加算の 38 点を加算するが、時間外等の場合は乳幼児の時間外再診料を算定する。従って誤りである。

22　（誤）B001-11 集団栄養食事指導の（5）より 1 回の指導時間は 40 分を超えるものとする。とある（保医発通知）。従って誤りである。

23　（誤）C005-2 在宅患者訪問薬剤管理指導料の（8）より週 3 日以上実施できなかった場合においても、使用した分の薬剤料は算定できる。（保医発通知）とある。従って誤りである。

24　（正）F100 処方料の（9）カ　より初診料を算定した初診の日においても算定できる。（保医発通知）とある。従って正しい。

25　（正）第 3 部検査の通則 5 より、対称器官に係る検査の各区分の所定点数は、特に規定する場合を除き、両側の器官に係る点数とする。（保医発通知）とある。従って正しい。

26　（正）K910-6 臍帯穿刺より、臍帯穿刺は特に規定する場合を除き、「胎児輸血実施マニュアル」を遵守している場合に限り算定する。（保医発通知）とある。従って正しい。

27　（正）J089 睫毛抜去の注 1 より、及び検査通則 5 より、1 回のみの算定となる。従って正しい。

28　（誤）I002 通院・在宅精神療法の（14）より、通院・在宅精神療法は精神科を標榜する保険医療機関の精神科を担当する医師が訪問診療又は往診による診療を行った際にも算定できる。（保医発通知）とある。従って誤りである。

29　（正）第 4 部画像診断　第 1 節エックス線診断料　通則より、対称器官又は対称部位の健側を患側と対照として撮影する場合における撮影料、診断料については同一部位の同時撮影を行った場合と同じ取り扱いとする。（保医発通知）とある。従って正しい。

30　（正）診療報酬請求書・明細書の記載要領の手術料 K 通則 7 に 1500g 未満の児加算新生児加算は手術時体重を記載する、とある。従って正しい。

第71回問題　解答・解説

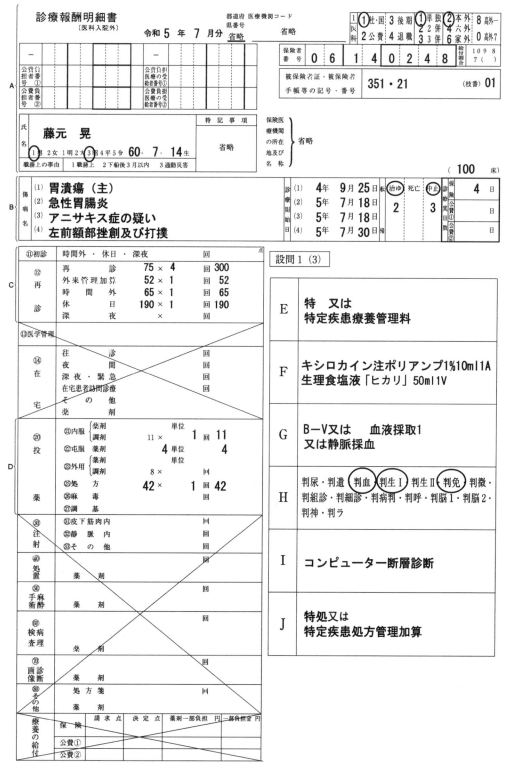

設問 1

<解説>

許可病床 100 床の一般病院

4 日間の診療

患者は胃潰瘍で継続治療中

7 月 18 日急性胃腸炎、アニサキス症の疑いで時間外に受診

アニサキス症疑いは検査の結果中止、急性胃腸炎は 21 日に治ゆとしている。

7 月 30 日休日に左前額部打撲挫創で受診

レセプトの保険種別は　1 社・国　1 単独　2 本外　に○

【再診料】

● 7 月 4 日

　内科を再診　再診料　75 点＋外来管理加算 52 点

● 7 月 18 日

　時間外に内科を緊急受診　再診料　75 点＋時間外加算 65 点

　内視鏡検査を行っているので外来管理加算算定不可

● 7 月 30 日

　日曜日の休診日に外科を緊急受診　再診料　75 点＋休日加算 190 点

　手術を行っているので外来管理加算算定不可

● 7 月 31 日

　外科を再診　再診料　75 点　処置を行っているので外来管理加算算定不可

診察料欄

⑫ 再　　　　診	75 点× 4 回	300 点	
外来管理加算	52 点× 1 回	52 点	
時間外	65 点× 1 回	65 点	⇒ 問題 C
休　　　　日	190 点× 1 回	190 点	

【医学管理等】

● 7 月 4 日

薬剤情報提供料4点　略号　薬情　4点　⇒問題1
特定疾患療養管理料⇒問題E　略号　特　87点　⇒問題2（100床以上の病院）

【投薬料】

●7月4日院外処方　特定疾患の内服薬（28日分）

院外処方は⑳処方箋料に記載する

●7月18日

院外処方　急性胃腸炎の内服薬

2日間の院外処方は　⑳　その他欄に記入

処方箋料3　60点　⇒問題19　×2

特定疾患処方管理加算（28日以上投与）特処　⇒問題J　56点　⇒問題20　×1

●7月30日　院内処方

手術後の痛み止め　頓服薬

カロナール錠500mg　1錠　11.20円→1点　4回分　1点　⇒問題3　×4

投薬料欄

内服調剤料　　1回　　11点

屯服薬剤料　　4単位　　4点

処方料　　42×1回　42点

調剤技術基本料は算定不可（同月に院外処方有り）⇒問題D

【処置料】

●7月31日

創傷処置を行う　J001創傷処置1　　52点　⇒問題4

【手術料】

●7月30日

休日に緊急受診　左前額部打撲挫創、

縫合を行う。長径4cm　筋肉臓器に達しない

K000　創傷処理「4」真皮縫合加算、デブリードマン加算

　　　（30日）休日加算

530点＋460点＋100点＝＝1,090点　　休日加算1,090点×1.8＝1,962点　⇒問題5

手術に使用した薬剤

キシロカイン注ポリアンプ1%10ml　1A（1A＝79円）

生理食塩液「ヒカリ」50ml1V（1V＝143円）

ポピドンヨード外用液10%　10ml（外皮用殺菌剤）（10ml＝13.10円）

79＋143＝222円→22点　　外皮用殺菌剤は算定不可

キシロカイン注ポリアンプ1%10ml　1A　生理食塩液「ヒカリ」50ml1Vl⇒問題F　　22点

⇒問題6

【検査】

● 7 月 18 日

時間外に緊急に検体検査

時間外緊急院内検体検査加算算定　　略号　　| 緊検 |　30

日　7 時 40 分　200 点　⇒問題 7

検血—末梢血液一般、CRP を行う　D005-5 末梢血液一

般　21 点　⇒問題 8　　D015-1CRP　16 点　⇒問題 9

BUN、AST、ALT、LD、γ - GT、K、Amy、Cre、CK、Nā・Cℓ

→ D007　生化学 I　10 項目　103 点　⇒問題 10

結果を本人に文書で説明しているが、外来迅速検体検査加算は時間外緊急院内検体検査加算

と併算定不可

D400-1 静脈採血料（B - V）算定 | (B - V) ⇒問題 G |　　40 点　⇒問題 11

判断料 | 判血　判生 I　判免　⇒問題 H |

125 ＋ 144 ＋ 144 = 413 点　⇒問題 12

D308 胃・十二指腸ファイバースコピーを行う　　略号　Ｅ Ｆ—胃・十二指腸

時間外（8：20）に行っているので内視鏡検査の通則 5 により所定点数の 100 分の 40 を加

算する。

1140 × 1.4 = 1596 点　⇒問題 13

使用薬剤

　キシロカインビスカス 2%5ml（1ml = 5.30 円）　キシロカインゼリー 2%5ml（1ml = 6.30 円）

　ブスコパン注 2%1ml1A（1A = 59 円）

　5.3 円×5 = 26.5　6.3 円×5 = 31.5　26.5 ＋ 31.5 ＋ 59 = 117 円→ 12 点　⇒問題 14

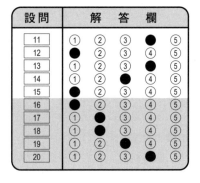

設問	解 答 欄				
11	①	②	③	●	⑤
12	●	②	③	④	⑤
13	①	②	③	●	⑤
14	①	②	●	④	⑤
15	●	②	③	④	⑤
16	●	②	③	④	⑤
17	①	●	③	④	⑤
18	①	●	③	④	⑤
19	①	②	③	●	⑤
20	①	②	③	●	⑤

【画像診断】

● 7 月 30 日

休日に緊急に画像診断

時間外緊急院内画像診断加算算定 | 緊画 |　30 日　16 時 00 分　110 点　⇒問題 15

頭部の CT 撮影を行っているので　　E200 コンピューター断層診断料を算定する。

頭部 CT　1 回撮影　電子画像管理加算　　届け出は 64 列以上マルチスライス型その他

1000 点＋電子画像管理 | 電画 | 120 点 = 1120 点　⇒問題 16

診断料を算定する | コンピューター断層診断⇒問題 I |　450 点　⇒問題 17

届け出があり、放射線医の読影文書とあるので

画像診断管理加算 2　| コ画 2 | 180 点算定　⇒問題 18

設問	解　答　欄	
21	●	②
22	①	●
23	①	●
24	●	②
25	●	②
26	●	②
27	①	●
28	①	●
29	①	●
30	●	②

設問2

21　（正）A012 再診料の（5）よりＡ傷病について診療継続中の患者が、Ｂ傷病に罹り、Ｂ傷病について初診があった場合、当該初診については、初診料は算定できないが、再診料を算定できる。（保医発通知）とある。従って正しい。

22　（誤）初・再診料の通則（6）より算定回数が「週」単位又は「月」単位とされているものについては、特に定めのない限り、それぞれ日曜日から土曜日までの1週間、または月の初日から月の末日までの1か月を単位として算定する。（保医発通知）とある。従って誤りである。

23　（誤）B001-32 一般不妊治療管理料の（3）より少なくとも6月に1回以上当該患者及びそのパートナーに対して治療内容等に係る同意について確認する。（保医発通知）とある。従って誤りである。

24　（正）C000 往診料において、往診であって、再診料請求の要件を具備している場合、往診料及び再診料はともに算定できる。（保医発通知）とある。従って正しい。

25　（正）第3部生体検査料の通則より、同一月内に2回以上実施した場合、所定点数の100分の90の相当する点数により算定することとされている生体検査は、外来及び入院にまたがって行われた場合においても、これらを通算して2回目以降は100分の90で算定する。
（保医発通知）とある。従って正しい。

26　（正）F400 処方箋料（9）より、注射器、注射針又はその両者のみを処方箋により投与することは認められない。（保医発通知）とある。従って正しい。

27　（誤）H003 リハビリテーション計画提供料の（2）リハビリテーション計画提供料1について、当該患者が直近3月以内に目標設定等支援・管理料を算定している場合には、目標設定支援シートも併せて提供した場合に算定できる。とある（保医発通知）。従って誤りである。

28　（誤）診療報酬請求書・明細書の記載要領より、熱傷処置を算定する場合は、初回の年月日を診療報酬明細書摘要欄に記載する。（保医発通知）とある。従って誤りである。

29　（誤）眼科学的検査の通則より、コンタクトレンズの装用を目的に受診した患者に対して眼科学的検査を行った場合には区分番号 D262 － 3 に掲げるコンタクトレンズ検査料のみ算定する。（保医発通知）とある。従って誤りである。

30　（正）K721 － 5 内視鏡的小腸ポリープ切除術において、バルーン内視鏡等の費用は所定点数に含まれ、別に算定できない（保医発通知）とある。従って正しい。

本実問題集の内容についてのお問い合わせは

医療秘書教育全国協議会
TEL.03-5675-7077
FAX.03-5675-7078

までお願い致します。

■解説執筆者
　　佐藤　麻菜

2024年度版
医療秘書技能検定実問題集3級②

2024年4月30日　　　初版第1刷発行

編　者　医療秘書教育全国協議会試験委員会©
発行者　佐藤　秀
発行所　株式会社つちや書店
　　　　〒113-0023　東京都文京区向丘1-8-13
　　　　TEL 03-3816-2071　FAX 03-3816-2072
　　　　http://tsuchiyashoten.co.jp